拓跋珪传

传

苏西恒 ◎ 主编

内蒙古文化出版社

图书在版编目（CIP）数据

拓跋珪传／苏西恒主编. －呼伦贝尔：内蒙古文
化出版社，2018.2
ISBN 978 － 7 － 5521 － 1420 － 1

Ⅰ. ①拓… Ⅱ. ①苏… Ⅲ. ①魏道武帝（371 － 409）－
传记 Ⅳ. ①K827 = 392

中国版本图书馆 CIP 数据核字（2018）第 035860 号

拓 跋 珪 传

苏西恒　主编

责任编辑　　丁永才
出版发行　　内蒙古文化出版社
　　　　　　（呼伦贝尔市海拉尔区河东新春街 4 付 3 号）
印刷装订　　三河市华东印刷有限公司
开　　本　　710 毫米 ×1000 毫米　1/16
印　　张　　11.25
字　　数　　131 千字
版　　次　　2018 年 2 月第 1 版
印　　次　　2020 年 5 月第 2 次印刷

ISBN 978 － 7 － 5521 － 1420 － 1
定价：32.00 元

前　言

辽阔的草原,繁衍生息了一批批游牧民族,在南有大汉、北有强胡的形势下,中华民族经过两千多年的演变发展,中华文化形成了草原文化、黄河文化、长江文化三驾马车并载的格局。中国文明延续不断,中华文化纯种相传,这既得益于草原、黄河、长江三大主源文化互补共济,另一方面也是中华文化一贯以和平、包容为核心的结果。

中华文化主张"天人合一",主张"多元一体",一部草原文化史就是一部各民族互相学习、共同促进、相互交融的历史,是在相互影响渗透中、创造出新的更加辉煌灿烂的文明史。作为第一个由草原游牧民族统一北方,建立起自己较为完整的国家政权的拓跋鲜卑民族,对草原文化的诠释是很有代表性的。而作为其开国皇帝的道武帝拓跋珪,无论是其个人充满传奇色彩的短暂的一生,还是以他为代表并由其奠基规划的北魏王朝,在数千年的中华历史上,都是很有分量的。

赵武灵王胡服骑射,开汉民族学习草原民族长处的先河,而拓跋珪却倾心学习汉民族方方面面的先进成果,他抱着极大的热情,为之作了不懈的努力,不但要"胡"人学说汉话,穿汉服,而且要学习汉民族"修身、齐家、治国、平天下"的各个方面。到了孝文帝时,更下令要姓汉姓,如果有顽固分子死不"汉"化,要免官、拘役直至杀头。中华各民族相互学习,由此可见一斑。求同存异、取长补短、和衷共济、和谐发展,这就是中华文化的精髓。

中华民族是发奋图强、百折不挠的民族,这个民族的身上体现出的重要一环,就是任何的艰难苦楚都不会击倒她,历经千万阻险,追求光明真理,为着理想与事业,甘愿奉献一切。这一种民族魂的所在,在杰出人物的身上,更能够淋漓尽致地体现。

魏晋南北朝时期是我国历史上民族融合空前活跃时期,其实这段历史的重心,不在以汉族为主的中国南部,而是在北部。草原民族以其雄浑大略的气势荡涤着汉族王朝统治者的颓废与低迷,给中华文化注入了新鲜的血液。

拓跋珪就是这种大环境中的领军人物,他饱经磨难,复代创魏,用富有传奇色彩的手笔,畅快淋漓地在中华历史上写下了浓重一笔,博得了"少数民族第一帝"的称号。他身上体现出的开放性与包容性,是中华民族生存、发展、兴盛的根本所在。他于整合中创新,传承中升华,实现了历史的跨越,为中华文明的发展做出了很大的贡献。

但是,就是这样一个人物,目前对其宣传研究还不够,不但不能与秦皇汉武、唐宗宋祖等"大腕"皇帝相比,就是与一些似乎没有什么贡献的帝王相比,也比不上。当今,热衷于挖掘一些帝王的后宫野史,甚至于青楼梦好;着力展示一些帝王的阴险奸诈、弄权驭人;潜心捕捉一些帝王的软弱无能、听政悍宫……以这些东西充塞了文艺作品,加上"戏说"成分,于是那些文不能治国、武不能安邦,身不修、家不齐的帝王登场了,这些人治下的家国,狼烟起于四境,祸端积聚萧墙。但是他们却与一二所谓亲臣红颜,临风落泪,见月伤情,缠绵得死去活来,而不少人乐此不疲地去表现他们,我便有点茫然了……

这样便使我想起了拓跋珪,觉得现在对他失之于公道。这个生于草原的鲜卑大帝,对华夏文明做出重大贡献的鲜卑大帝,应该让更多的人去了解他,于是便以我之驽才,历时三载收集有关拓跋珪的资料,整理创作出了此书。

说实在的,要"戏说"一个封建帝王,尤其是"戏说"一个汉族王朝的封建帝王并非有多难,盖因"戏说"这些人,只要不调侃得太过火就行了,时下里一些作品中秦汉帝王说明清时的话,办明清时的事,是屡见不鲜的。但鲜卑大帝拓跋珪,出生于一个古老而神秘的民族。他是政治家、是军事家,他历九死得一生,少年建邦国,壮年遭不测,史家争论不休,世人评长论短。给这样一个人作传,还想让这个具有神秘色彩的人诠释那段波澜壮阔的历史,在前记录少、后评述寡的情况下,其难度之大,是可想而知的。

由于此书的作者不是专门研究鲜卑历史(或拓跋珪)的人,虽多方探询,四处求教,历时数载,但因本人愚钝,才能平庸,因而所写内容,定然有偏差甚至于错误的地方。如果能以此书作为一块陋砖抛出去,开启智者之门,让有才能的人斧正,甚至于"诱"出有关拓跋珪方面的书,那本书作者将是很欣慰的了。

此书的编纂中,得到了方方面面的帮助,凉城县委冯超书记、县政府王晓平县长及宣传部温欣华部长多次做指示,从初稿到定稿都次次过目,提出了许多的修改意见,并给予了很多的帮助。集宁师专中文系原主任孙继善教授提出了有益建议;和林格尔县文物管理所所长霍志国先生提供了许多资料;还有一些同志从各方面予以帮助,使此书得以问世,值此深表感谢!

2018 年 6 月 22 日

目　录

第一章　寻找乐土　生息盐池

在中国历史上，有"五胡"之谓，即匈奴、鲜卑、羯、氐、羌五个少数民族。这五个少数民族，在祖国的西部及北方广袤的大地上，以其剽悍与雄猛，风云当世，流芳后世，丰富了中华文化。西晋时"关中之人，百万之余，率其户口，戎狄居半"，从《晋书》的这段话，我们可以粗略地了解到当时北方地区，各少数民族与汉族群众相互杂居的情况，而且"五胡"人数占了相当大的比例。"五胡"加上賨人，又称"六夷"。从公元304年刘渊最先起兵反晋建立汉国开始，至公元439年北魏统一北方为止，这五个民族先后建立起了十六个割据政权，即是历史上常说的"五胡十六国"，他们进行了长达一百多年的混战。在两千多年的民族大融合中，各民族时而干戈相向，时而玉帛姻亲，使中华民族的大家庭逐步壮大，从而演绎出了一曲曲悲壮的民族历史剧。

迁移到塞内和汉人杂处的胡人，以匈奴人为最早，汉

化程度也较高,他们是东汉时候归附汉朝的南匈奴后裔。三国曹魏时,曾把并州匈奴三万余分为五部,置五部帅,派汉人为司马加以监督。魏末晋初又为五部、三卒、四率,将匈奴部帅改为都尉,这样就进一步加强了对他们的控制。西晋时期,塞外匈奴人源源不断地入塞,分布在今陕甘晋一带。匈奴人铁骑弯弓,呼啸来去,常使中原汉族王朝的统治者们绞尽脑汁,或出兵相搏,或和亲求安,在汉朝时便留下了诸如苏武牧羊、昭君出塞等许多令人荡气回肠的故事。

羯是西晋时期随匈奴入塞的"匈奴别部",入塞后聚居于上党武乡(今山西长治北),后来散居于太行山一带。羯人大部分习于农耕,生活上同汉人的差别已基本消失。羯族人最著名的人物是石勒,他以十八骑人马起兵,建立了后赵。

氐族与羌族是两个古老的民族,除一部分留居在今青海、甘肃以外,魏晋时已有不少人居关中和益州。氐族原聚居在武都一带。曹魏与刘蜀争汉中时,曹操令张既、杨阜等先后徙武都氐人于天水、扶风和京兆。曹操攻打汉中时,又把賨人迁到洛阳,賨人与其他民族互通婚姻,逐渐融入了其他民族中。氐族人中的仇池杨氏部族最为强大,晋元康六年(公元296年)建立了仇池国,后被拓跋魏灭掉(北魏正始三年、公元506年)。羌人数量很多,分成不同部落,东汉时大部分已迁到陕西。唐诗人王之涣绝句《凉州词》写道:

> 黄河远上白云间,
>
> 一片孤城万仞山。
>
> 羌笛何须怨杨柳,
>
> 春风不度玉门关。

诗人借用羌笛无奈,言恩泽难及之处,写出了其时边塞的荒凉。岑参在《白雪歌送武判官归京》诗中写边塞军中送别朋友饮宴时说，"中军置酒饮归客，胡琴琵琶与羌笛。"胡琴与羌笛成为后来文人尤其是写边塞诗词文人笔下常提到的。

鲜卑民族是一个充满神奇色彩的民族。

鲜卑人的先民被称为东胡人，在秦汉之际，曾被冒顿单于率领的匈奴骑兵打败。居于北方草原上的东胡裂，他们中的一部分人逃入乌桓山，遂被称为乌桓人。一部分人逃入鲜卑山，遂被称为鲜卑人。

鲜卑人与乌桓人在汉朝时，受匈奴役属，与汉王朝时战时和。霍去病打败匈奴人后，原分布在鲜卑山的鲜卑人历经艰难险阻随之向西南迁至今西拉木伦河流域，其时分布在大鲜卑山的鲜卑拓跋先祖也迁到了今呼伦贝尔草原。在东汉和帝年间，鲜卑各部成扇形大规模南迁西移，鲜卑诸部便崛起于我国北方。

在西晋时期，鲜卑部主要分为三大支部。

东部鲜卑主要有段部、慕容部、宇文部。其中段部被羯人建立的后赵击溃后融入中原，有人便认为该部与宋时的云南大理段氏有关。慕容部先后建立过许多割据一方的国家，慕容皝创立的燕，史称前燕；慕容垂又建立燕，史称后燕；慕容冲建立的燕，史称西燕；慕容德成立的燕，史称南燕。鲜卑慕容部落是当时北方地区较为活跃的少数民族部落。宇文部曾于南北朝时篡西魏成立北周，后入隋。

西部鲜卑主要由河西秃发氏、陇右乞伏氏、青海甘肃的吐谷浑组成，这些部落都建立过自己的国家，在相互争夺中此灭彼起，一直延续到隋、唐。

北部鲜卑主要是拓跋氏。当鲜卑拓跋部统一中原建立北魏后，便把鲜卑名称据为己有，称慕容氏和段氏为东部、白部或徒何，称宇文氏为匈奴。

鲜卑民族最初主要从事渔猎,临湖(河)而渔,入山而猎是其主要的生存方式,这与他们所处的地理环境有很大的关系,因为当时鲜卑民族主要生活在林木密集、水草茂盛、人口稀少的地区,直到东汉末年仍保持着这种生活方式。随着他们大规模南迁,辽阔的草原为他们从事游牧业提供了得天独厚的条件,他们逐步从渔猎过渡到以游牧为主,以牛马肉食换取中原地区的布帛粮铁及各种生活用品。

三国时袁绍占领河北以后,由于中原地区军阀割据,混战不断,白骨露于野,千里无鸡鸣,大批的中原百姓外逃到鲜卑部落中,他们带来了冶炼铸造及酿制纺织等工艺,使鲜卑民族的手工业得以发展。

由于对外战争掠夺规模逐渐扩大,次数逐渐增多,加之地区互市,鲜卑部落大人的财富急剧增多,导致贫富悬殊,阶级分化。随着部落大人们权势的增强和各部落间的结盟,部落的酋长往往称单于,后又称之为可汗,这些人逐步占有了大部分的生产资料,并且将其他人作为自己的私有财产,主宰其命运,鲜卑民族的社会结构发生了深刻的变化。

大约在公元156年左右,鲜卑部落出现了一个很了不起的人物,这个人就是檀石槐,史载其人"勇健有智略,部落畏服,乃施法禁,平曲直,无敢犯者,遂推以为大人"(《资治通鉴》)。他在今内蒙古自治区商都县一带建立自己的大本营,他带领部属东击夫余,西败乌孙,北逐丁零,南扰汉边,尽有匈奴之地,东西达一万两千余里,南北七千余里,建起了一个空前的鲜卑部落大联盟。他拥兵十万,"杀略不可胜数"、"用汉人谋议,定法律,锻冶兵器、工具",成为北方草原的一霸。

但是,由于当时形势所限,檀石槐所建的联盟没有得以进一步的发展,他死了以后,联盟瓦解,鲜卑又分成许多互不相属的分支。

被史学界称为"强胡之首"的拓跋魏,因其挟裹着氏族部落的气息,迅速完成了向封建文明的过渡,建立了强大的北魏政权,与汉族王朝南北对峙,出现

了道武帝、太武帝、孝文帝等雄才大略的封建帝王而厚载史册。北魏帝国也是我国所谓"正史"记载较早由少数民族建立的统一北方的国家。

1980年7月,文物工作者米文平在内蒙古自治区鄂伦春自治旗阿里河镇大兴安岭北端顶峰东侧,发现了鲜卑拓跋部祖庙石室嘎仙洞,以及洞内的石刻祝文,记载了公元443年北魏皇帝(魏太武帝)派人到大兴安岭北端鲜卑拓跋部的发祥地祭祖的事情。嘎仙洞的石壁上,刻下了祭祖的祝文。石刻祝文刻辞为竖行,汉字魏书,古朴雄健,全文二百零一字。这一发现,揭开了鲜卑拓跋部发祥地的千古之谜,也证实了《魏书》说,有石室规模"南北九十步,东西四十步,高七十尺",的记载。

这一段考古资料,明确地说出了鲜卑拓跋部落发祥地是在大兴安岭,而且是顶峰。这也就证实了后世有关鲜卑部落(或民族)从深山老林外迁的真实性。到目前来说,大兴安岭仍是我国主要的林区。我们完全可以想象到在两三千年前,全球植被比现在要好得多的情况下,林海雪原的东北地区是如何一种境况。因而,也

就难怪凡是有记述鲜卑民族南迁的资料,不管是"正史"还是"野史",总有一些神话传说,绘声绘色地讲述鲜卑民族南迁的艰辛。

《魏书》载,黄帝有二十五个儿子,这些儿子有的在内地受封,有的被分封到了边远荒蛮的地方。其中有个儿子叫昌意,昌意的小儿子在北方的土地上受封,封国内有大鲜卑山,于是把鲜卑作为国号。"其后世为君长,统幽都之北,广漠之野",当时的风俗谓土为拓、后为跋,因而将拓跋作为姓氏,也就是流传到后来的鲜卑拓跋部落。他们"畜牧为业,淳朴为俗,简易为化,不为文字,刻木纪契而已。时事远近,人有传授,如史之记录焉"(《北史》)。这时的鲜卑拓跋部落完全处于原始社会阶段,生产生活条件极为艰苦,也十分落后。

因为源自于黄帝的孙子的封地,因而拓跋珪在称帝后,便明确地说,他是黄帝的后裔。

拓跋部居于深山老林,习俗喜欢用绳索编发,所以又称索头部。不过,也有人说,所谓的索头,是将头发编成了许多的小发辫,披散于四周,而头的中间(或者是正中间留有一个发辫)部分剔掉了头发。

鲜卑人拓跋经历了几十代,到了酋长毛的时候,逐渐强大,"统国三十六,大姓九十九",威震北方,周围的部落没有不降服的。从毛开始,鲜卑拓跋部才有了一定的规模。因而,拓跋珪称帝后,就

追尊远祖毛以下二十七人为皇帝。也就是说，毛皇帝是鲜卑拓跋部称谓的第一个皇帝。毛又传了十多世后，传

位到洁汾。洁汾继承前人事业，率众继续南迁，寻找乐土，其间经历了许多艰难险阻。鲜卑民族南迁，经历了八九代人的努力，其艰辛程度是很难用语言来形容的。他们付出了沉重的代价，为后人留下了许多有趣的故事，其中有两个著名的神话故事，历来十分让人称道：

一个是神兽引路的故事。相传鲜卑拓跋部落传到献皇帝邻的时候，在南迁途中，进入一个山谷中。这条山谷极其幽深，盘桓曲折，四周森林荫天蔽日，尽管他们不停地往外走，可是怎么也走不出深谷。毒蛇猛兽常常袭击他们，一些老弱病残已经走不动了。邻将部落所有人众聚拢在一块儿，商量今后的去向，不少人被困难吓倒，反对继续南迁。在征得大多数人的同意后，邻下令择地休息，他们打算停止南迁，就在此地生息。这时有一个神人出现了，神人说这荒蛮地方，不是停留处，应该继续南迁，寻找乐土。如果就在这里生息，凶猛的野兽将会吃掉弱幼者的躯体，肆虐的瘟疫会夺去壮年人的生命，要想延续宗族，必须继续向南迁徙。慑于神人的威力，他们决定继续南迁。其时拓跋邻已经年老力衰，他把首领位传给洁汾（洁汾为邻之子），并且命令洁汾继续率领部众南迁。但是深谷高山，莽莽林海，使他们难辨方向，这时又出现了一个神

兽,这个神兽的形状像马,而发出的声音像牛。靠着这个神兽的引导,经过几年他们才走出深山老林。凭着坚韧不拔的精神,鲜卑拓跋部落翻雪山、穿林莽,到了匈奴人的故地,也就是北方大草原。

拓跋邻的时候,鲜卑部落主要分为七个部分,由七个兄弟分别统辖,这七个部落连同拓跋氏形成"鲜卑八国",后来鲜卑拓跋部落的"宗室八姓"于此有了雏形。"宗室八姓"成了鲜卑拓跋部的核心部分,拓跋珪建魏后,这八部的头人们成了朝廷的重臣。

另一个故事是洁汾与仙女的故事。相传圣武皇帝洁汾十分爱好狩猎,有一天他率领部族几万人马打猎,鼓角震撼山岳,马蹄使大地颤抖。洁汾弯弓引箭,猎物应弦而倒,部族所有人众被洁汾高超的骑射技术所折服,齐声喝彩,欢呼声和着鼓角声,在天苍野茫的北方大草原回荡。

忽然,天空放出了红光,凭空一声闪电炸雷,使整个打猎的人众陡然一下静了下来。所有的马都停止了奔跑,所有的人都屏住了呼吸,仿佛整个草地上没有一人一骑,只有一张自天而降的红纱罩了整个草原。接着有一辆装饰得十分豪华的车从天空冉冉下来,车上彩旗遍插,车中坐着一个美丽的仙女,装束十分艳丽,两旁有卫士相伴。那辆车翩然落到洁汾的面前,那美丽的仙女下了车,长袖随风起舞,香气充溢四周,启朱唇,轻施礼,自言是天上仙女,奉了天帝的命令来与洁汾相会。于是洁汾让人马驻扎下来,建起寝帐。夜晚草地上篝火点点,倒映在湖中,与天上的星星相辉映。洁汾与天女就在这样的环境中,演绎了一曲人仙相欢的故事。第二天早晨,仙女要走了,临走的时候,对洁汾说,明年这个时候,继续在这个地方等她,而后便乘华车带卫士升空离去。洁汾望着仙女的华车融入了蔚蓝的天空,仿佛经历了一场梦一样,但是萦绕在周围的香气,证实了刚刚发生过的一切。

三百六十五个日子,等啊等,洁汾终于等到了第二年的这一天。他又早早来到这里,也无心思狩猎,他怅然望着天空,数着朵朵白云,企望天女降临。果然那仙女又驾着华车而来,人如故车如故,卫士亦如故。所不同的是,这回仙女怀中多了一个小孩。她双手将小孩递与洁汾,这是一个十分可爱的小男孩。仙女告诉他,这是他们去年相见后,尽欢成孕所得。并且嘱咐洁汾要好好抚养孩子,将来他会成为草原上的雄鹰,雄霸一方。说完后,便飘然离去了。任凭洁汾喊破了喉咙,那仙女头也不回,华车如同草原上的一只苍鹰一样,瞬间消失在了天边。茫茫的草原芳草萋萋,清澈的湖水雁声阵阵,广袤的天宇间荡漾着孩子嘹亮的哭声。

洁汾将此孩抚养长大成人,取名为力微。后来传为佳话,编成两句"洁汾皇帝无妇家,力微皇帝无舅家。"一直流传后世。

看这段美好的神话故事,令我们想到苍狼白鹿的神话故事。一匹苍色的狼与一只白色的鹿结为配偶,在斡难河源头、不儿罕山前,生了一个漂亮的男孩,取名为巴塔赤罕,这就是所谓蒙元民族的先祖,我们知道,狼与鹿配这是不可能的事,也正如洁汾之于仙女。后人证实,所谓的"苍狼"与"白鹿",并不是两个动物,而是以动物命名的两个人名,蒙古文音译为"孛儿贴赤那"、"豁埃马阑勒",汉语译为"苍色的狼"、"白色的鹿"。由于汉族或其他民族不了解内情,误有狼与鹿结为配偶之谈,便有了这美好的神话传说。但草原民族逐水草而居,草原文化也寓意着山水草木,神仙灵兽与人的和谐统一,这也正好折射出草原文化的灵魂。

其实,洁汾与天女的神话故事,正好说明了拓跋部迁到匈奴故地后,鲜卑人与当地匈奴人互通婚姻的情况,实际上这是给鲜卑与匈奴通婚抹上了一层神秘的色彩。

据史载,这时候洁汾活动的地方应在参合陂一带,很有可能,这仙与人相会的地方，就是在今岱海湖畔（有人说在呼伦湖畔）。因为洁汾靠着神兽的帮助，走出深山老林，凭着对文明的向往，在北方大草原到处游弋，他已经向西、向南推进了很远的距离。洁汾死后，力微继位，主要活动范围在并州塞外。而力微的活动区域，也正是洁汾南迁后的主要活动区域。

公元220年，洁汾死去了。按传统习俗，作为长子的匹孤应继位，但是因为次子力微是洁汾与天女所生，故力微继位为大酋长。匹孤很失望，他带领他所属部众从漠北迁到黄河以西地区，后世称秃发氏，"秃发"是"拓跋"之异译，鲜卑秃发人后来建立了南凉政权。秃发部落中最著名的人物当数树机能，史载其"壮且多谋略"，他率兵反晋，威震凉州。

力微是鲜卑拓跋部的一个重要人物，我们有必要对他作进一步的了解：

力微生于公元174年。其继位做大酋长时，与曹操父子建的魏有往来。后来，由于部落受到了西部鲜卑头人蒲头的袭击，部众离散，他在走投无路时依附于五原的窦宾。在一次战斗中，窦宾战马受伤，形势十分危急。力微将自己的战马偷偷让给窦宾，使窦宾脱离了灾难。事后当窦宾寻找是谁把战马让给他救了他时，力微不说破。经过多方调查，窦宾才知道是力微让马救了他。窦宾对力微让马救他而不邀功的做法相当地钦佩、器重，打算分一半国土给他，力微不接受。于是窦宾将自己的女儿嫁给力微，并让两个儿子速侯与回题听从力微的吩咐。

但是，窦宾仍然想报答力微，恳请力微提出要求。于是，力微提出想带领他的人众到北方地区长川居住。窦宾满足了力微的要求，让力微带领部众到了长川（今内蒙古自治区兴和县一带）。力微回到长川以后，广施恩德，吸纳四方部族，逐步在长川站稳了脚，声播四方。力微原来部属的人,听说力微回到了长川,都来归附力微,几年间,力微力量壮大起来。

这时的窦宾已经上了岁数,他打算在他死后,把首领的位子让于力微,这样引起了力微与窦宾两个儿子速侯与回题的矛盾。窦宾临死时不顾两子的反复恳求,把部落整个大权交给了女婿而没有交给儿子,并且让两子很好地侍奉力微。

这两人迫于形势,只好听命于力微,但他们只是表面顺从,心里一直寻找机会想杀死力微,夺回部落的领导权。

窦宾两个儿子想除掉力微,自己掌控部落,但其谋划不周,走漏了风声,让力微知道了。力微便下狠手,他先杀掉了妻子窦氏,然后派人给他们捎去信,说他们的妹妹病得很重,在临终时想见他们一面。这二人没加多想,便双双向力微的驻处奔来。力微派出杀手,在宫中埋伏,速侯与回题刚一进宫,便被活捉,力微下令将二人杀死。这样力微全部接收了窦宾的人畜财物,部落的酋长、大人们都接受了力微的领导,从而使他势力大增,"控弦士马达二十多万",控制了北方草原广阔的地方。

力微做了大酋长后,于魏甘露三年(公元 258 年),将大本营定在了定襄盛乐。这年夏天,举行盛大的祭天仪式,力微给各

个部落的首领都下了邀请信。他的目的是想通过这次仪式,树立他的威信,震慑其他人。接到邀请的首领们陆续到达了,他们与力微结盟,并且发誓共同听命于力微,但是只有白部大人观望不至。

祭祀仪式一结束,力微便率部征伐.将白部大人斩首,并屠其宗族,兼并了白部的所有人畜财物草场,"远近肃然,莫不震慑"(《魏书》)。拓跋部正式取得了部落联盟的领导权,力微大酋长的地位得到了巩固。

力微很善于总结前人经验,他认为,以前匈奴部落以及北方其他游牧部落,贪图中原财物,经常出兵劫惊民众,虽然也有收获,但是也给部落造成很大的损失,不但死伤不足相补,而且招来双方的仇恨,百姓也受到极大的损害,这不是长久之计。要想壮大部落,泽福百姓,最好的办法是和睦相处,于是派他的儿子沙漠汗到洛阳作为质子长住。当时,洛阳是曹魏的都城,是当时世界上最为繁华的大都市。沙漠汗在洛阳住了很长时间,直到西晋初年,沙漠汗才告别洛阳回国。沙漠汗在晋学到了不少汉人治国的先进经验,本人也深受晋朝廷上下人众的尊敬,他回国时,受到了晋王朝优厚的馈赠,力微也派手下各部酋长们到阴馆(今山西代县西北)去迎接。由于沙漠汗在洛阳居住日久,言谈举止,服饰打扮同汉人差不多,引起了一些守旧落后的族长们的猜忌。

一日,族长们在阴馆宴请沙漠汗,正在畅饮之际,头顶上飞过几只鸟,沙漠汗乘着酒兴,拿出暗器,引弓发丸击鸟于地。当时鲜卑活动的区域没有这种暗器,族长们以为他得了晋人的奇术,大为震惊。宴席一结束,他们便相互串谋说,我们未来的大酋长沙漠汗,穿的是晋人的衣服,学说话也是晋人的话,又学会了晋人的奇术,若继任为大酋长,则必变祖宗风俗,我们今后也一定不得志了。我们必须向大酋长说明这些,想法及早预防。

于是他们联合起来向力微进谗言,"太子才艺非常,引空弓而落飞鸟,是似得晋人异法怪术,乱国害民之兆,惟愿察之"。力微一方面为众人所迫,另一方面也担心儿子破坏古老风俗,便有除沙漠汗的心思。但是还没有等他发布命令,那些人已经假托他的命令派出刺客,在半途上杀死了沙漠汗。

沙漠汗是拓跋部新旧势力斗争中牺牲的第一人。

力微时期,大量的匈奴部落加入了鲜卑拓跋部,组成了联盟,他们相互杂居共处,互通婚姻,匈奴部族逐渐鲜卑化。"拓跋"的含义,就是鲜卑父、匈奴母所生后代之意。在蒙古草原各部落纷纷成为拓跋联盟新成员的时候,原来的宗室又接纳了其他异姓,经过长期的演化,逐步形成了拓跋、拔拔、丘穆陵、步六孤、贺赖、独孤、尉迟、纥嵇等为主的八姓氏。

相传力微活了一百零四岁,在位达五十八年。拓跋珪称帝后,追尊他为始祖,追尊沙漠汗为文皇帝。

力微死后,到了公元 295 年,其子禄官继大酋长位。

禄官继位后,将他统治区域分为三大块,"一居上谷北,濡源(今河北省东北部)西,东接宇文部,自统之;一居代郡之参合陂北,使文皇帝(即是沙漠汗)子桓帝讳猗㐌统之;一居定襄之盛乐故城,使桓帝弟穆帝猗卢统之"(《北史》)。从这里,我们了解到,鲜卑拓跋部在参合陂设立了一个成规模的统治机构,让猗㐌统治该区域。猗㐌与猗卢弟兄二人"善用兵,西击匈奴、乌桓诸部,皆破之"(《资治通鉴》)。久在代地居住的卫操、卫雄兄弟依附投奔猗㐌,他们弟兄二人给猗㐌献计,让他广泛接纳晋人,他们认为四海之民皆可役使之,人众则势大。

猗㐌十分高兴地采纳他的计策,晋人依附拓跋㐌的逐渐多起来。

而且还有资料证实,这时鲜卑拓跋族以盛乐为中心,在东部地区设郡,郡守所在地就在现在的凉城县三苏木榆树坡,所辖不仅有沃阳、参合两县,而且还包括现在丰镇、兴和以东地区。《水经注》

对于凉城郡治之位置称："池（池，即指盐池）北十里，即凉城郡治"、"池西有旧城，俗谓之凉城也，即取名也。"对于凉城有谓梁城，这可能是谐音造成，但是肯定的一点是，凉城这个名字与鲜卑拓跋部有着十分密切的关系，距现在已有一千七百多年的历史。

猗㐌统领代郡的参合陂（今凉城境内，岱海北岸）以北一带，经常活动于盐池（即是今凉城境内的岱海，魏时称盐池或黑盐池）周围，推行与中原王朝友好的政策，所辖地区出现了"百姓乂安、财畜富实"的繁盛局面。他曾两次帮助晋惠帝打败刘渊，晋惠帝十分感谢他，授给他"猗㐌金"印一枚。1956年凉城县东十号乡小坝滩村出土了一批文物，其中有两块金印：晋鲜卑归义侯金印和晋乌丸归义侯金印；一块银印：晋鲜卑率中郎将。印上錾有"猗㐌金"三字，可能就是其印。有资料这样记述：内蒙古呼和浩特东南的凉城县境，出土了拓跋鲜卑人的金饰。有兽纹的金饰牌、镶嵌宝石的兽形金饰、兽首金戒指、金耳坠等。一件四兽金饰的背面，刻有"猗㐌金"三字，猗㐌即是西晋中后期鲜卑首领拓跋猗㐌。这批金饰，代表了西晋北方少数民族金银器的工艺水平和艺术特色。

当时，匈奴刘渊背叛晋，自号汉王，攻打并州。并州刺史司马腾向猗㐌、猗卢求援。二人引兵帮助司马腾，在上党一带大败刘渊，猗㐌与司马腾在汾河东结盟。猗㐌与司马腾分手返回参合陂后，他吩咐手下段繁、卫雄等人"于参合陂西累石为亭，树碑以记行焉"，时年为公元 304 年。现在凉城的岱海滩，当年是猗㐌弟兄的大本营。

不久，猗㐌弟猗卢又率部一万余家，由云中进入雁门。晋帝任命刘琨为并州刺史，刘琨与猗卢关密十分密切，他将并州的楼烦、马邑、阴馆、繁畤、崞五县人民南移，将北方大片土地让与猗卢。这样猗卢的势力发展到了雁门，所辖区域向南推进了很大范围。而刘琨也依靠猗卢，有了西北的屏障，他再也不用担忧西北地区的游牧民族骚扰其境了。这时猗卢统领的地域，"东接代郡，西连黄河、朔方，方数百里。"他又从各地迁移居民十多万户到这一区域，拓跋部落在代站稳了脚。

活动于盐池湖畔的猗㐌，是拓跋鲜卑部关键性的人物。"惠帝之七年，索头猗㐌西略诸夷三十余国，拓跋氏入主中国之始基也"，这是王夫之《读通鉴论》中对猗㐌的评述，他认为"猗㐌之裔，乃养其锐于西北，徐起而收之，奄有群胡之所有，而享国以长，必然之势也"。通过这些话，我们不难领略到猗㐌在鲜卑民族历史上的位置。

猗㐌死后，猗卢继位。公元 315 年，晋愍帝加封猗卢为代王，允许置官属，食禄代、常山二郡。受到晋帝正式的加封，猗卢势力大增。

猗卢有个小儿子叫比延，深受父爱。猗卢想立其为嗣子，他把长子六修放出外地驻守，并且废黜了他的母亲。猗卢不但夺六修的骏马给比延，并且让哥哥拜弟弟，六修不从。一日，猗卢将自己的车马让于比延，比延乘着猗卢的车行驶在集市中，恰好碰到了六修。六修认为父亲来到了，便下马跪拜于路边。比延见哥哥伏于道边，便快马加鞭，哈哈大笑着从六修的身边急驰而过，腾起的尘土笼罩了六修，六修十分羞愧。集市上的人见到这种情景，都相互传言，说哥哥伏于道边拜弟弟。六修听说后，心中对父亲与弟弟的所作所为十分不满。这样父子间、兄弟间的矛盾加深，猗卢终于与六修发生了父子间的争战，结果猗卢不利，他"微服逃往民间，有贱妇人识之，遂为六修所杀。"但不久六修也被拓跋普根杀死。

为争王位，宗族间不断发生冲突，使拓跋部受到了很大的损失。郁律继位后，形势才得以稳定。但猗㐌有个妻子叫惟氏，这是一个十分悍劣的妇人。猗㐌死后，她扶养儿子贺辱长大成人。她担心郁律强大不利他们母子，于是杀郁律而立贺辱，被杀的大臣也达几十人。郁律有个儿子叫什翼健，尚在襁褓，母亲王氏把他藏在套裤中，向天祈祷：上天假设有意存孤，孩子千万不要哭泣。由于当时鲜卑妇人衣服宽大，加之什翼健果然如熟睡般无声无息。那些检查她的人，认为她一个女人家，没有多大能耐，便放松了对她的检查。而什翼健也如同熟睡般悄无声息。母子故得脱难，逃奔到贺兰部。

作为拓跋珪祖父的什翼健，自小父亲被杀，随母亲王氏到处逃难，虽出生贵族，但命运多舛，这与其孙拓跋珪真如出一辙。

像任何的游牧民族一样，部落间总是为争夺草场、人畜、财物进行不停地争战，鲜卑拓跋部也一样，郁律被杀后，他们的内混一直持续近二十年。

什翼健就在这样的内乱中度过他的幼年、童年，一直到他长到十九岁。十九岁的什翼健，身高八尺，仪表过人。有资料记载他，站起来的时候头发可以拉到地面上，卧倒时两乳可以垂到席子上，喜怒不形于色，有龙虎之气。部落持续的内乱使拓跋部众酋长们迫切需要一位勇武的领袖。代王翳槐临终时，留下遗言，让什翼健即代王位。但是以梁盖为首的一些人，出于自身利益，阻挠什翼健登王位,他们借口说,什翼健远在外乡(当时什翼健在赵做人质),国不可一日无主,应尽快立新王,并且选好了人选,让翳槐的弟弟拓跋孤继位。但是梁盖等人的计划终因多方人士反对而没有变成现实。

晋咸康四年(公元338年),什翼健在繁峙继代王位,纪元建国。他仿效中原规程设立百官,大胆启用汉人做官。他让燕凤为长史,许谦为郎中令,制定了一系列法规以约束官民,"始置百官,分掌众职"、"法令明白,百姓晏然"。燕凤与许谦是当时的名士,这二人都博通经史,明习阴阳谶纬,通晓天文。起初,什翼健听说燕凤很有才能,便派人持厚礼招燕凤,但燕凤不接受,也不为什翼健所用。什翼健大怒,引兵围住燕凤所住城,对城中人说,燕凤不来,我将攻破城池,全部杀死城中人畜。燕凤只好到什翼健大营中,为什翼健效力,什翼健十分器重他。

燕凤与许谦的到来,为处于氏族部落的什翼健联盟,注入了新鲜的血液。他们二人在治理联盟内部以及军事上,为什翼健提出了许多有益的建议。鲜卑拓跋部联盟,在什翼健的领导下,迎来了一个全盛的发展时期,经过短短的三年,部众发展到几十万人,控制了阴山以北的广大地区。

燕凤又为什翼健出谋,让他迎娶燕王慕容皝的妹子兴平公主为王后,以便得到慕容燕的支持,什翼健采纳他的计策,让燕凤赴燕求婚。慕容皝也知道什翼健是草原上一个英雄人物,智勇兼备且很有实力,便答应将妹子嫁与什翼健。这样什翼健便与慕容皝结成了联盟,为他今后进一步扩展势力获得了外援。

尤其值得一提的是他继位第二年(公元339年),率众来到了盐池湖边,朝见诸大人并准备在此建都城。他召集众人就建都问题商议了好几天,但是众大人及部落头人们相互争吵,没有结果。

他的母亲王氏说，我们自从先祖以来，一直以游牧为主。现在，国家刚安，需要做的事情很多。如果建城居住，一旦敌人来，我们就没有躲避的地方了。还应该像先祖那样居无定所，逐草木游猎而生。一方面由于王氏的身份不同寻常；另一方面，其时的拓跋部落还没有建城池的经验，于是在盐池建都的事就此停止。

晋建兴三年(公元315年)，拓跋猗卢称代王时，他把平城作为他的南部都城，把盛乐作为他的北部都城。因为盛乐处于游牧区域，猗卢十分重视盛乐的建设，盛乐当时已经成为北方地区重要的城市。什翼健继代王位后，于建国三年(公元340年)在盛乐建宫室，盛乐成为鲜卑拓跋部的政治中心。次年，又建盛乐新城，公元346年，什翼健正式将代的都城定在了盛乐。

盛乐往东便是盐池，这是处于内陆腹地的鲜卑拓跋民族所见到的最大的水面。什翼健常常率领部落大人及酋长们到盐池，驻马湖畔，欣赏一碧万顷的草原仙湖。

继位第五年，他又率众来到参合陂巡幸，这次巡幸是盛况空前的。七月，部众云集盐池湖畔，湖中练水军，草地练骑兵，并且设了祭坛。从此以后，每到夏末秋初，拓跋部便在盐池湖畔讲武骑射。这种习俗逐渐变成一种民间风俗，流传到上世纪初。

《北史》对于什翼健的这次活动，作了这样的记载："五年夏五月,幸参合陂。秋七月七日,诸部云集,设坛埒,讲武弛射。因以为常"。

什翼健为代王时,其西面是铁弗部刘卫辰。361年夏,什翼健的王后慕容氏不幸辞世。刘卫辰来吊唁,并且向什翼健求婚,什翼健将女儿嫁给了他(也有说是什翼健将侄女嫁与刘卫辰),什翼健与刘卫辰有了翁婿关系。按道理女婿应帮助岳父讨伐他人,但是偏偏这个女婿反复无常,时而依附岳父讨伐别人,时而又依附别人攻打岳父,后来发展到一直与拓跋部为敌,刘卫辰成了鲜卑拓跋部的世仇。

代建国三十年冬,刘卫辰大肆侵略什翼健边界,什翼健率军亲征。当时黄河没有封冻,船只又不多,黄河成为什翼健西征刘卫辰的障碍。什翼健沿黄河岸巡视了几天,由于天气逐渐变冷,他想出了一个办法。下令部下四处搜寻柴草,将弄来的芦苇柴草抛到河面上,系以绳索,相互牵拽。也许是上天帮助什翼健,一天夜里,天气突然降温,滴水成冰,抛在河面上的柴草与冰水相冻结如同浮桥一样。什翼健的大军便神不知鬼不觉地渡过了黄河,打了刘卫辰一个措手不及。刘卫辰带领宗族党羽向西逃走。什翼健"收其部落而还,俘获生口及马牛羊数十万头。"接着,什翼健又征高车,大败高车。

代建国三十四年四月(公元371年),什翼健有个部将叫长孙斤的密谋叛乱,他带领死党冲入什翼健的大帐想刺杀什翼健,这时什翼健的儿子拓跋寔正在帐中侍卫。乱党冲进来后,拓跋寔奋力与长孙斤等格斗,长孙斤持槊(也有说是剑)刺入寔肋,寔在受伤的情况下,仍然奋力死战。喊杀声引来了众多侍卫,一齐冲进大帐,杀死了长孙斤及其叛党。什翼健虽然幸免于难,但是他的儿子拓跋寔身受重伤,过了一个多月后不幸去世了。

拓跋寔曾经娶东部大人贺野干之女为妻。寔死后,这个贺氏生下了一个遗腹子,取名为涉圭,后改为珪。这个遗腹子就是拓跋珪。五月寔死,七月珪生,拓跋珪生下来就是一个无父的孩子。

从大兴安岭北部深山老林走出来的鲜卑拓跋民族,从其一登历史舞台,便充满了传奇的色彩。他们"耐饥寒、勤畜牧、习射猎,以与禽兽争生死,故粗犷悍厉足以夺中国膏粱豢养之气"(《读通鉴论》)。从什翼健时,他们由氏族部落逐渐向封建文明过渡,历经艰难,其养锐也久,其得势也盛。五胡十六国时,北方地区出现了十几个割据政权,进行了长达一百多年的混战,直到公元439年,北魏统一北方,这种局面才告结束。这一时期,也是我国民族大融合的一个巅峰时期。"自拓跋氏之兴,假中国之礼乐文章而冒其族姓。隋、唐以降,胥为中国之民,且进而为士大夫以旌其阀阅矣。高门大姓,十五而非五帝三王之支庶,婚宦相杂无与辨之矣"(《读通鉴论》)。史家的这段话,是一语道破的。传奇色彩的鲜卑民族,写了一段传奇的历史,也涌现了许多传奇的人物,作为北魏开国皇帝的拓跋珪当是其中出类拔萃者。

第二章 横空出世 声震参合

《魏书》这样记载拓跋珪的出生：太祖道武皇帝,讳珪,昭成皇帝之嫡孙,献明皇帝之子也。母日献明贺皇后,初因迁徙,游于云泽,既而寝息,梦日出室内,寤而见光自牖属天,欻然有感。以建国三十四年七月七日生太祖于参合陂北,其夜复有光明。昭成大悦,群臣称庆,大赦,告于祖宗。保者以帝体重倍于常儿,窃独奇怪。明年有榆生于埋胞之坎,后遂成弱而能言,目有光耀,广颡大耳,众成异之。

《北史》对拓跋珪出生的记载与《魏书》基本相同,其内容为：太祖道武皇帝讳珪,昭成皇帝之嫡孙,献明帝之子也。母日献明贺皇后,初因迁徙,游于云泽,寝梦日出室内,寤而见光自牖属天,欻然有感。以建国三十四年七月七日生帝于参合陂北,其夜复有光明。昭成大悦,群臣称庆。大赦,告于祖宗。保者以帝体重倍于常儿,窃独奇怪。明年有榆生于藏胞之坎,后遂成林。帝弱而能言,目有光耀,广颡大耳。

《资治通鉴》对于拓跋珪的出生这样说：咸安元年(公元371年)秋,七月,代嗣子寔娶东部大人贺野干之女,有遗腹子,甲戌生男,代王什翼健为之赦境内,名日涉圭。

从这些史料,我们明确地知道拓跋珪是昭成皇帝什翼健的嫡孙,父亲是献明帝拓跋寔。母亲是贺皇后,贺野干的女儿。拓跋珪是遗腹子,父亲拓跋寔没有看到儿子的出生。

有一些观点说,拓跋珪是什翼健的儿子,其实就目前较为权威的史料看,拓跋珪是什翼健的孙子应为恰当。长孙斤谋乱,什翼健由于儿子拓跋寔的奋勇格斗,挡住了刺向他的刀剑,使他幸免于难,但是他十分钟爱且准备让他将来继承王位的儿子拓跋寔却因伤势过重而去世。当时鲜卑人有种风俗就是在父亲死后,儿子可以纳继母,而儿子死后,父亲也可以纳儿媳。公元371年五月,拓跋寔身死,七月,拓跋珪出生。什翼健把出生不久的孙子连同儿媳接回到他的大营,之后,便将儿媳收为己妃。因此说,拓跋珪非为什翼健之子。什翼健纳儿媳后,又生了几个儿子。这种"子非子,父非父"的尴尬局面,令后代鲜卑史官们在记述这些事件时很难处理。而且,随着鲜卑民族汉化程度的加深,他们也深刻地认识到先祖们这种传统习俗的不雅与落后,常为这种习俗感到难堪。皇帝们常常避开这方面的问题,因而史官们也多绕开不记,或遮遮掩掩地记述。《魏书》的作者魏收,在记载这些事时就很犯难,而且也迫于压力,多次改动,这也就成了后来的人常常质疑《魏书》所记一事情真实性的原因之一。

但是,魏收是南北朝时期人,作为同时代的人记述当时的事,无论怎样是有其价值的。

拓跋珪的出生充满了许多神异的色彩。母亲在云泽一带迁徙,一天晚上梦见太阳从家中升起,醒来以后,看到一束红光破窗而出直冲天空,于是觉得腹部有了感应。在建国三十四年七月七日(公元371年8月4日)生拓跋珪于参合陂北。这天夜里,天放着红光。他一生下来,哭声十分响亮,震动了整个参合陂。他的体重比普通的婴儿重得多,给他接产的人也十分奇怪。他早于一般婴儿说话,二目炯炯有神,额头宽广,耳朵奇大。

像传说中的那些不同寻常的人一样,拓跋珪的出生也不同寻常。母亲是感而有孕,就如同中国古代神话所说的华胥氏在雷泽看见一个巨人的脚印,出于好奇用自己的脚去踏了一下那个脚印,结果感觉有了身孕,不久便生下了伏羲一样。而唐代诗人李白,之所以字太白,是李白母亲在一天夜里,梦见太白星入怀,醒来之后满屋明亮,而且觉得自己腹中有胎在动,于是生子曰太白。历史上许多皇帝的出生,都会有一个神奇的故事作为出生的缘由,以此来显示该人与众不同。拓跋珪作为北魏的开国皇帝,自然也应有奇异处。而为他作传的鲜卑拓跋文人们,也会找出些特殊的材料来显示太祖道武帝的不同于常人之处。

拓跋珪的衣胞,自然也就埋在了他的出生地参合陂北。第二年,有榆树便从埋衣胞处长出来,后来长成了榆树林。这里的榆树家族愈来愈大,一直延续到20世纪五六十年代。

现在,凉城县三苏木榆树坡周围有这样一个古老的传说:当地曾出过一个贵人,村中的衣胞坟,是贵人出生时埋衣胞的地方。这个贵人已经有两千年了,他是神仙下凡。他出生的时候,天上一片红光,照耀着大地,将整个岱海滩映红。岱海的水也是红色的,湖面上涌起了红色的浪,像风在掀动一幅巨大的红绸。鱼儿都跃出了水面,成千上万,密密麻麻地布满了湖面,而且都是清一色的红鲤鱼。滩畔的榆树、柳树、杨树在夜幕中都变成了红色,放着光。榆树坡后面的洞金山,发出了响声,如同有千军万马在出征。接着便是那个贵人出生时发出的啼哭声,哭声十分响亮,与后面山上发出的响声相应和,在岱海滩畔久久回荡……

现在我们没有必要去考证这个贵人出生时是否真如同传说的那样,但是民间传说的这个贵人出生时的情景与有关资料上记载的拓跋珪出生的情景是有相似之处的。是后代的人看到了拓跋珪出生的有关记载演绎出的这个传说，还是这个传说是有关记载拓跋珪出生的依据，这就很难知晓了。

但是，有一些观点认为，民间所说的这个贵人，应是拓跋珪，说他有两千年历史，是因为年代久远。因为确切地说，拓跋珪出生到现在已经一千六百三十多年了。拓跋珪生于榆树坡，是有一定根据的。拓跋珪父亲拓跋寔，受其父代王什翼健之命，掌管代东部地区，他在现在的榆树坡建郡，周围都是郡治所辖地，拓跋寔在掌管凉城郡其间，将夫人移到了郡内官府中安置，这是顺理成章的。岱海滩水草丰茂，寔随父征战，贺夫人在此居住，于史载与情理也吻合。

《魏书》说，参合陂土地上，过去一直没有榆树，在拓跋部首领猗㐌时才有。拓跋猗㐌"英杰魁岸，马不能胜。常乘安车，驾大牛，牛角容一石。帝曾中蛊，呕吐之地乃生榆木。参合陂土无榆树，故世人异之，至今传记。"由此可知，拓跋猗㐌长得十分魁梧，马驮不动他，所以常坐牛车。有一次他呕吐狼籍，吐的地方长出了榆树，这样才使参合陂一带有了榆树。

现在内蒙古自治区凉城县岱海北岸有村曰榆树坡，即是因为榆树之多而得名。

这样看来，拓跋珪应出生于岱海北岸。近年来，一些学者们著书，认为拓跋珪就生于岱海北岸的三苏木，因为这里有榆树坡，有衣胞坟，而且有三合（凉城县麦胡图镇的三合村，从前也叫参合）。至于参合陂，这个古地名，也应涵盖着今岱海滩周围广大的地区。

岱海，是内蒙古自治区第三大内陆湖泊。形状为椭圆型，呈东北——西南走向。总面积现在已不足一百平方公里，过去岱海的水面要比这大得多，在20世纪六七十年代，其面积还有一百六十多平方公里。因其属于内陆湖，水源主要是由降雨及几条季节性河流补充,因而旱涝年份直接影响其面积,传统的说法是,岱海水面过去很长时间一直有一百六十平方公里。《水经注》记述岱海时说,"池水澂渟,渊而不流,东西三十里,南北二十里。"照此,岱海水面历史上也就在一百五六十平方公里。岱海西北距呼和浩特市一百多公里,东南距大同也在一百多公里的路程。岱海在《山海经》中称天池,汉朝时称盐泽,北魏时称盐池,元朝时称下水,清代前期称岱哈泊,光绪年间始称岱海。岱海周边地区以其文物古老、密集、代表性强而引起了中外考古界的关注,2001 年国务院将该区域确定为全国第五批重点文物保护单位。

岱海滩在过去没有进行农业开发时,属于岱海湿地,绿草萋萋,杨柳依依,榆树森森。岱海北面的洞金山属于阴山山脉,该山脉中有著名的洞金卧佛。

洞金山卧佛身长达五公里,佛体由多座山峰叠印而成,这是世界上迄今发现的较大的天然卧佛之一。佛像脚南首北,呈仰卧状:疏眉朗貌,两眼微闭;上身坦露,肥胸隆乳;两臂平放,双腿微曲。大自然鬼斧神工造就的大卧佛与苍天大地相映衬,活灵活现,和谐统一。榆树坡往东十公里,就是著名的中水塘温泉。康熙三十五年,康熙皇帝曾在此洗过温泉浴,他在给留京的皇子写信说,"岱哈水泊北岸,有一汤泉,水温。"

这样的灵山秀水,作为拓跋珪的故乡,是当之无愧的。

凉城这个地方,在秦汉时候属于雁门郡,西汉初年属代国。北魏时期置凉城郡了，郡下置参合、旋鸿两县，参合县治所在地在今凉城县永兴镇一带。古参合陉便在永兴镇境内，由此往西北直通呼和浩特市。

杀虎口今景

凉城县地处内蒙古自治区中南部。从地理上看，这里是内蒙古高原与黄土高原的交汇地；从历史文化上看，这里是草原文化与农耕文化的结合带。长城蜿蜒境内达三百余里，特殊的地理位置决定了复杂的历史。这里是口里与口外的交界地，境内的杀虎口，旧时称"杀胡口"，是由于当时草原上的游牧民族经常由此入塞内，威胁中原汉族王朝的统治，故有"杀胡口"之名。公元1696年，康熙亲征噶尔丹路过杀胡口时，改"胡"为"虎"，以示民族团结为上。现在从凉城到右玉便要经过杀虎口，杀虎口以北地区谓之"口外"，以南地区谓之"口里"。著名的"走西口"，就是清末民初大量的"口里"百姓迫于天灾人祸经过杀虎口外出谋生。近现代中国历史上有闯关东、走西口、下南洋之说，凉城是"走西口"的重要区域。

历史上,凉城也是民族大融合的主要区域。各民族在这里熙攘登场,上演了许多感人的历史剧,该区域的考古发现,有力地佐证了这一点。老虎山遗址、王墓山遗址、园子沟遗址是距今五六千年前的古人类活动遗址;毛庆沟、饮牛沟墓葬是战国时期北狄游牧民族的墓葬;石人湾墓葬是反映楼烦民族生活的墓葬;左卫天汉代古城遗址、双古城汉城遗址,是反映汉民族及匈奴人生活的墓葬;崞县窑元代蒙古贵族墓葬及壁画,元代宣宁县故城,是反映蒙古族生活的墓葬;明清时期的遗址就更多了。目前,仅环岱海区域就发掘文物达二百九十一处。至于北魏时期的文物,具有重要考古价值的就有十几处。

拓跋珪衣胞坟上,第二年长出了榆树,这些榆树愈来愈多,一直延续了一千六百多年,到上世纪初有一千多亩,在"土改"、"人社"时还有几百亩。这些榆树婷婷如华盖,葱茏茂盛。这么庞大的榆树林,长期以来,一直没有主人,也不知谁人所种。岱海滩周围,在清朝时,尤其是嘉庆、道光年间,推行开垦蒙荒、安置流民的借地养民政策,开展了大规模的官办垦务,由垦务局拟定地亩荒价,然后丈量放给农民,农民承种时以号计算,号也就成了一种简便易称的乡村地名。凉城现在以号为名的乡村极多,以号命名的乡有东十号乡、十九号乡、十三号乡(又名七号乡),至于村名就更多了,以号命名的乡村名占全县总地名的十分之一多。清末民初,蒙古族牧民入岱海滩周围,于是又有了以苏木命名的乡村。拓跋珪诞生地三苏木乡的名称,便是由此而来。大量地放地,许多的土地有了主人。直到现在岱海滩周围上了岁数的人,还能够数出来地亩过去的主人,但是唯有这榆树坡的榆树林,一直没有主人。

没有主人的庞大的榆树林,一直繁衍了一千六百多年,在过去物资相当匮乏的年代,起房盖屋,烧火取暖,需要大量木材,但这榆树林却安然地度过了。其中没有神秘色彩的东西,是很难办到的。

拓跋珪衣胞坟上的那株榆树长得尤其有特色。据几代人流传的说法,这株榆树会走,围着衣胞坟转。榆树的主躯干枯死后,其他地方又复活长出新枝,枝条奇形怪状,相互盘错,如一条条长蛇巨蟒。树皮有好几寸厚,树干好几个成年人合拢不来,在一丈高处分出三权,每权又出三枝,共有九个分枝,象征着帝王的九五之尊。

不知何时,这里又盖起了庙,有人说其规模过去很大,以后逐渐坍塌变小了。现在人们记忆中的寺庙,坐北朝南,青瓦蓝砖,高五尺多,宽九尺多,深约六尺。中间有一泥塑的神像,面红色,黄布幔帐围其下身。神像前置一泥墩,放香炉。过去庙内还有一木牌,木牌上画一人,是草原英雄的形象,是该地树神的画像。新中国成立前有很多地方的蒙古人在规定的时间内要来此祭树。当地汉人也在除夕夜或正月初二入庙供奉,以求来年有好的收成。南来北往的人,有了难断之事,也常入庙求卜,到此焚香的人,常抛掷几枚铜钱或供奉米面瓜实。

当地人称此庙曰:贵人庙。

在贵人庙上烧香祈祷,据说可以达到三个方面的愿望:一是能够保佑所生的孩子聪明健康,将来也能成贵人。这一原因或许就是兴建贵人庙的主要原因吧。善男信女们,也希望自己的孩子如同那位"贵人",大福大贵,无病无灾;二是能够保佑一方百姓安居乐业。遇上灾年,人们在庙前供奉祭祀,祈福上苍风调雨顺,肯请贵人显灵庇护一方百姓;三是预测吉凶。官吏上任,童子入学,商人经商,卜上一课,求上一卦。为官的平步青云,求学的满腹经纶,经商的富甲天下。因而,自从有庙后,香火一直很旺盛。

庙后边便是那株最高大的榆树。

这棵大榆树后来被尊为树神,每年的六月初六、八月十六都要举行两次规模较大的祭祀活动。树身上系了各色的彩帛,迎风舒展起舞,仿佛一个大酋长,背后的众榆树是其部落臣民。水草肥美的岱海滩,养育了鲜卑民族的先人,也成就了这庞大的榆树家族。鲜卑拓跋部族桓帝呕吐而生的参合陂榆树,从其一诞生,就具有极神秘的色彩,也难怪其成为树神,受到后人的顶礼膜拜了,就连小孩摘榆钱儿都要受到大人的限制。岱海滩畔的榆树,在拓跋部族人的心中,也是很有分量的。岱海榆木雕曾经饮誉周边,雕刻鱼鸟花卉以及护身符。据说当年岱海滩畔的鲜卑民族将士征伐,总要随身带块榆木护身符。

岱海滩的榆树,不但榆木雕有一定的知名度,而且以嫩榆枝编的箩、筐、篮等工艺最为出名。数百年来,周边的群众一直把它作为主要的工具(也有工艺)。伫立在岱海滩畔,北望榆树坡,奇形怪状的榆树漫坡遍野,寒鸦鸟雀像钢铸一般钉在干枝上,风掠过树头,发出的响声与岱海的涛声相呼应,那气势是十分夺人的。因而在当年兵匪横行的年月,那些绿林好汉,拥兵大盗们也对之望而生畏。

1939年11月20日,国民党六路军被日军打败后溃退到岱海滩,溃军中有一个团长名叫王富,他欲率军进汇祥寺劫掠,遭到了护寺僧众的抵抗。修经颂文的僧人毕竟不是持枪带刀的军人的对手,最后寺庙被攻破,主持梁姓活佛被杀于正殿,近百名僧人被杀,珍贵图书经卷及大量的文物被溃军掠夺,而后,他们又一把火将汇祥寺烧毁。

汇祥寺,清末民初号称"绥东第一大刹",藏语名为"郝特老毕力格",当地人俗称"大庙",康熙亲笔题写了"汇祥寺"匾额。寺庙占地二十六亩,喇嘛人数最多时达千余人。康熙三十五年,康熙在平定噶尔丹叛乱后到归化,十月途经岱海,在此逗留,住了一宿,并洗了温泉澡。五世达赖与六世班禅曾于此寺传授教业,尤其是五世达赖在凉城逗留达两月之久,满、汉、蒙、回、藏等许多民族的宗教领袖慕名而来聆听五世达赖讲经,顺治帝派礼部尚书觉罗朗丘赴汇祥寺赠五世达赖金册、金印。金印全文是,"西天大善自在佛所领天下释教普通瓦赤喇怛喇达赖喇嘛",金册达十五页。达赖的宗教地位得到清中央政府的确认,意义是极其深远的。

见证了各民族团结和睦的汇祥寺,可惜变成一片焦土。现在仅存其遗址,残砖断瓦遍地可见。

榆树坡在汇祥寺西,相距不到十公里,溃军入榆树坡,大肆劫掠,掀开了榆树坡灾难的第一页。接着日本人占领凉城,在凉城县城所在地田家镇制造了骇人听闻的田家镇惨案，一次集体屠杀无辜百姓二百九十九人。一批日军来到榆树坡，开始砍伐榆树以备军用，他们挑选粗大的树砍，锯倒的树，留有二三尺高的木桩。据说，从树心还流出了血一样的红水，情景十分凄惨，后来因为死了一个翻译官和两个木匠才停止砍伐。

1958 年，响应号召，凉城全县总动员，修建园子沟水库。园子沟水库就在三苏木乡境内，距离榆树坡也就十多公里的路程。作为全县大跃进建设的标志性工程，全乡上下必须全力支持水库建设。推土拉石需要车，而榆树是上好的做车材料。于是人们瞄准了榆树坡的榆树，细的直接往倒锯。由于多数的榆树十分粗壮，于是人们爬上树先断枝，然后逐段下割。太粗的树无法下锯，有人又想了办法，直接从树身上往下锯板。他们搭上梯、从上往下锯。锯这样的树，几个壮劳力要好几天。有一棵树被锯倒后，拉了二十多牛车才被拉走，足见其大。

于是，此后谁用木料，就到榆树坡砍伐，结果不到一年，便七零八落所剩无几了。

其时那株最粗壮的老榆树已在十几年前失去了绿色。现在仍有目睹的人说，那树后来只有一段很粗的身躯和三条弯弯的大枝，三条大枝弯下来又垂向地，树上常有祈福的人系的布帛。锯树时没人敢锯这株树，一村民坐在树下抽旱烟，扣烟灰时将烟火扣在了树上的一个小坑内，可就是这一点火，却燃着了树。那时正好是傍晚，过往的人们望见树上有亮光，如同庙中的香烛火，以为神。到天明，火已燃到了树的上身，直起的烟柱有好几丈高，一直燃了七天七夜。鸟为之悲，人驻足望，都发出了唏嘘声。从那以后，这个地方再也没有长出榆树来。

今天我们伫立在岱海湖畔，四望榆树坡周围的山坡，已无一株榆树,只有几株老杨树,迎风呜咽。榆树坡也空有其名了。

砍伐榆树坡榆树修的园子沟水库,在第二年便被一场洪水冲毁,而且还死了几个人。

破"四旧"的时候,一些人开始毁庙,有一人搬倒神像扛在肩上往外扛,可也奇怪那神像紧紧贴在他身上,怎么也放不下去,与他一同翻筋斗,直到他躺在地上口吐白沫。这人后来真的得了神经病,每天不停地翻筋斗。毁庙时发掘出了许多钱币,有刀型的、鼎型的、剑型的。铜钱最大的直径有三四寸,当时人收购,价格最高的一角,一般都是一二分。庙中有一紫砂壶,圆肚小口,据说盛热水隔夜不凉,大有类似我们现在的暖壶。

没有了榆树后,衣胞坟上长出了一丛枸杞,逐渐扩大,果实鲜红润泽、十分饱满,当地老乡摘实泡以酒,可治湿症。十五六年前这片枸杞的面积还很大,有二十多亩,后来人们开荒种地,衣胞坟面积及枸杞面积逐渐缩小,现在这块枸杞的面积已经不大了。为了有效地保护这一古迹,凉城县委、县政府责成原三苏木乡政府在此处筑碑以志,警示人们很好保护这一古迹。

其实,说拓跋珪衣胞坟上的树会走,也不是空穴来风,"树会走"是有一定科学根据的。榆柳非常适宜在岱海湖边生长,生命力很强。当时岱海面积要比现在大得多。榆树坡是盐碱地,十分潮湿,树

拓跋珪出生地

凉城县人民政府
二〇〇五年七月

长起来后,在重力与风力的作用下,树身倾斜,老枝垂地入土,入土后生根发芽,便又长出了新的枝条,原来的树干逐渐腐死,这就是所谓的俯生现象。岱海滩边土地潮湿,风力大,日光充足,而榆柳之类又十分适宜在此生长,于是便有了老乡们的传说。

距衣胞坟西北一公里处,有个形状十分似元宝的山,当地人曰元宝山,有人说叫点将山。站在山上,南望岱海湖尽收眼底。北面正对的是园子沟古人类遗址。

园子沟古人类遗址是龙山文化早期的人类聚落遗址之一,距今已有五千多年的历史,是 1987 年全国重大考古发现之一。现已揭露面积两千多平方米,共挖掘窑洞

园子沟古人类遗址

式房屋二十八座,半地穴式房屋四十三座,出土了几百件磨制石器。遗址发掘出来的全是土窑洞,地面和炕上都涂有洁白的白灰膏,这在现在来说也有较高技术。发掘出其他文物三百多件。古人临山而猎、下湖而渔,建窑生息于此,是很有眼光的,也足以说明当时这里确实是赖以生息的风水宝地。

关于元宝山,流传下来的说法是,自古以来这里十分热闹。每年春夏之交,有许多的人来此,扛着彩旗,穿着鲜艳的服装,尤其是以草原地区的牧民为主。他们带着最好的马、醇香的酒和优秀的歌手,相聚于此,按一定的次序在贵人庙前杀羊祭祀,他们杀羊不割头而是从胸腔开口进去。来的人多,杀的羊也多,祭祀时泼出的血,将庙前的草地都染红了。他们沿山四周开展赛马,彩旗猎猎,

号角齐鸣，一直持续好几天不散。

现在上元宝山，我们可以清楚地看到二十一个敖包的痕迹。中间最大的直径有二十五米，以此东西依次各排列十个，由大到小，大的直径三米多，小的一米多。新中国成立后很长一段时间还保存着，破"四旧"时，人们拆毁了石堆。20世纪80年代末期，附近村民们建房取石，搬走了石头。一些人认为石堆地下还有钱币，锹挖镐刨，结果现在只留下一个残迹了。

据《内蒙古长城地带石城聚落址及相关诸问题》（《岱海考古》）一文记述，这些石堆，虽不排除是后来游牧民族举行祭祀的"敖包"，但是从中间大石堆四周垒砌石墙来看，其构筑方法是很古老特殊的。因为据专家考证，中间的石堆外形呈圆丘状，底部实际是呈方形建筑，四周是用石头垒砌的石墙。而这种构筑与板城方形祭坛相似。而板城遗址位于凉城永兴镇，该区域的老虎山遗址群，距今有五千多年的历史，遗址发掘出的城墙是迄今发现的我国古代最早的最完整的城墙防护体系之一，标志着凉城地区早在几千年前就已进入了初具规模的城市王国时代。该遗址西面就是所谓的古参合陉——石匣沟。

这两处古迹祭坛的构建相似，不能说其中没有关联处。肯定的一点是，板城遗址祭坛要比这儿早。设想一下，当鲜卑拓跋民族历经九阻八难，生息于美丽的岱海滩时，板城遗址的祭坛虽经过三千多年，其遗址还是比较清楚地存在的，于是他们彷照板城遗址在此建祭坛。后随着民族大融合，逐渐有了类似蒙古族"敖包"的内容。

　　联系什翼健数次到岱海滩朝见诸大人并且演练步兵水兵的事，我们可以推断，流传下来在岱海边每年举行的盛乐庆典，就是从什翼健练兵开始的。在北魏以后的一些帝王中，诸如拓跋珪、拓跋嗣、拓跋焘、拓跋宏及拓跋诩等都到过盐池及参合陂。由于当时盛况空前，而且大酋长、皇帝们亲率众大人、各部酋长到岱海滩边，于是在当地逐渐演变成了一种习俗而流传达一千六七百年。一些健在的老人们，依稀记得民国年间，四面八方的人到此祭祀庆祝，跑马、叼羊，十分热闹。

　　说拓跋珪出生于凉城，应是具备一定道理的。无论是《魏书》、《北史》等正史记载，还是民间传说，乃至一些专家的考证，都证实了这一点。正是由于他出生于岱海湖畔，所以拓跋珪对这块生育他的土地非常钟情，建立政权后，多次到岱海，凭吊他出生的地方。碧波荡漾的草原仙湖，水草丰茂的岱海滩畔，汲取了天地精华，孕育了少数民族雄才大略的道武帝。这是古盐池今岱海的骄傲。

第三章　十年颠沛　玉汝于成

　　拓跋珪的父亲拓跋寔因救父而死去了。他的死,使拓跋珪未出生便失去了父亲,也使代王什翼健失去了王嗣子,更为以后什翼健的儿孙们争夺王嗣子位埋下了伏笔。

　　什翼健平息了长孙斤等人的叛乱后,好长一段时间,因病卧床不起。拓跋寔是他最钟爱的儿子,他一方面为拓跋寔的不幸而悲伤,另一方面也为部落内部的隐患而忧虑。一直过了两个多月,直到七月份从盐池湖畔传来了孙子诞生的消息,他才又振作起来。当他听说孙子出生时的种种怪异,加之孙子生下来与众不同,什翼健十分高兴,派人将刚出生的孙子及儿媳贺氏接到了他的中军营。他下令赦免境内所有死罪,庆贺孙子诞生。

　　拓跋珪虽然一出生便失去了父亲,但是出生后的五六年间,他得到了代王什翼健无比的厚爱。在祖父的关怀下,开始学习他应该学习的东西。但是这种平静与幸福仅是五六年间,等待他的却是连续不断的灾难。

　　晋太元元年、代建国三十九年(公元 376 年),刘卫辰向前秦苻坚乞援,许以割地及财物,恳请苻坚出兵帮助他进攻代。苻坚对于什翼健势力的迅猛发展,也感受到了潜在的威胁,图谋削弱什翼健。此次刘卫辰的请求,正合苻坚的想法,他毫不犹豫地答应了刘卫辰的请求,派大司马苻洛率二十万大军协助刘卫辰攻代。苻洛统领将军朱彤、张蚝等分兵几路,全线出击。

面对前秦与刘卫辰的两路大军的围攻,什翼健倾全力予以抵抗,但弱小的拓跋部落毕竟不是两路强敌的对手,什翼健屡战不利。代的南部大人刘库仁是什翼健的外甥,闻知什翼健有难,他率十万铁骑帮助什翼健,结果被打得大败。而这时什翼健又重病在身,不能够亲自率军出征,只好率领部众向阴山以北撤退。

前线战事不利,自己又身患重病,代王什翼健退到阴山以后,对代南部广大地区的控制就鞭长莫及了。原来依附于他的一些部落,都背叛了他,或投前秦,或投刘卫辰,什翼健陷入了困境。到了年底,因为天寒地冻,加之粮草不济,前秦军队相继从代境撤军,什翼健才又回到代之云中。

这次刘卫辰与前秦联合进兵,使什翼健遭受了空前的灾难,大量的财物被敌人夺去,不少附属于他的部落依附了刘卫辰或投降了前秦。什翼健收拾残部,他把他的宗族及皇子皇孙们收聚到云中,在代的北部驻扎下来。

当初,什翼健有个弟弟叫拓跋孤,他与什翼健都是前代王翳槐的弟弟,什翼健排行老三,拓跋孤排行老四。翳槐临终时,什翼健质于赵地,而排行老二的拓跋屈被大臣们以"刚猛多变,不如孤之宽和柔顺"为由杀掉,众臣便推举拓跋孤为代王。但是拓跋孤深知自己的才能及威望不如他三哥,便谢绝众人的推举,亲自到赵地迎什翼健回国继位。因他有拥立之功,加之协助什翼健屡次出征周边的其他部落,功勋卓著,被什翼健封为南部大人。什翼健十分钟爱这个弟弟,将代国的一半国土封于他,可是不久他却死了。他有一个儿子叫拓跋斤,因为做错事,被什翼健责罚。加之,他对什翼健没有让他承袭父位且分代境之半给他而心中积恨,伺机想造乱。

拓跋珪父亲寔,本来被立为王嗣子,但他死后,什翼健一直没立王嗣子。什翼健另外一个妃子慕容氏生了阏婆、寿鸠、窟咄等几个孩子,这几个孩子年龄都不大。什翼健有一个妾,生了一个儿子叫寔君。史书上对寔君的记载,说他"性愚戆,安忍不仁"。虽然聊聊七字,可是我们却通过这七个字知道寔君头脑简单,缺乏仁爱,是一个心术不正的人。也正是他对事情缺乏思考,终于受了别人的蛊惑,干出了大逆不道之事。

长孙斤等人的叛乱,什翼健虽然侥幸躲过了杀身之祸,但是王嗣子拓跋寔却因伤重而亡。王嗣子位,成了众多王子们觊觎的对象,他们明争暗夺想争得该位。在拓跋寔死后,寔君的岁数在什翼健的儿子们中最大,他认为王嗣子位非他莫属,他对什翼健迟迟不立他为王嗣子心中不满。

一日,拓跋寔君鼓足了勇气,向父亲什翼健请求,希望父亲立他为王嗣子。但是遭到了什翼健的怒斥,说他生母卑贱,贱妾的儿子怎么能够登上王位统领代地。这样,拓跋寔君想通过先获取王嗣子位然后当代王的打算落空了。

其实,从当时的情况看,什翼健不让寔君为王嗣子,是出于多方考虑的。一方面,这个人才能平庸,不是当王嗣子的材料;另一方面,拓跋部落其时实力与前秦、柔然、贺兰等相比还很弱小,通过联姻手段获取支持,建立联盟,是当时很普通的办法。已故王嗣子拓跋寔的妻族就是强大的贺兰部,母族是慕容部。拓跋寔君生母是一个贱妾,这样的身份,使他在争夺王嗣子位上失去了一个重要的筹码。

生母的低卑身份,使寔君感到了自身出生的不幸,虽然在众王子中岁数最大,但总觉得矮人三分。这样的环境使本来"性愚戆"的拓跋寔君更加"不仁"了。而长久以来的忍耐,又进一步加剧了他报复的心理。这个像潜伏在洞穴中的毒蛇一样的人,在观察着周围的一举一动,伺机出击。

拓跋斤抓住寔君的心理,积极与寔君靠近,多方拉拢寔君,两人很快便结成了死党。这次,他乘什翼健兵败,内外交困的时机,煽动寔君说,大王想立慕容妃生的儿子为嗣子,因为怕你反对,想先杀掉你,你难道肯束手待毙吗?寔君听了,先是害怕,后是愤怒,旧恨新仇一齐堵塞了他的脑子。于是他同拓跋斤密谋想除掉什翼健,自立为代王。

这时,前秦军队仍占着离云中不远的一些地方,为防不测,什翼健让他的儿子们每夜轮流几人在中军帐内带兵执勤,保卫什翼健的安全。这天拓跋斤又煽动寔君说,这几天大王就要动手了,你不看他将其他的儿子一齐调来守卫中军帐吗,实际上是想找机会杀掉你罢了。你不先下手,就要遭殃了。寔君听了以后,将豢养的一些杀手带在身边,等待机会。

几天后,又轮到寔君侍卫中军帐了,拓跋斤又对寔君说,机会来了,你现在就下手除掉你父亲,夺取王位,不但代境属于你,就连前嗣子拓跋寔的遗孀、美丽的贺兰妃也属于你,你不是想一直得到她吗?如果你不下手,王位归别人,美人永远得不到,而且你的命也不保。

拓跋寔君一直被已故王嗣子拓跋寔的遗孀贺氏的美貌所动,想收归自己帐下,但是却被什翼健占有了。王嗣子位迟迟得不到,心爱的女人也得不到,使寔君一直处于压抑中。受到拓跋斤几次挑唆,头脑简单的寔君终于利用这个机会,在半夜时分,杀入了什翼健的大帐。什翼健闻讯后想出去镇压叛乱。这时杀手们已经冲入,不管男女老幼,挥刀乱劈。大帐中什翼健所有妃妾及儿女、侍卫等全都被杀死,其余人等仓皇四散逃命。就这样,代王什翼健惨死在他的儿子、侄儿刀下,时年五十七岁。拓跋珪称帝后,尊曰太祖。

什翼健是拓跋部重要的首领，他不但能征善战，而且性情宽厚，待人十分和善。《资治通鉴》记载了他的两件事：一件是，郎中令许谦曾经偷盗了什翼健中军帐内的两匹丝绢，看守绢的人将这件事告诉了什翼健，但是什翼健不说破。私下对长史燕凤说，我真不忍心见许谦之面，一见到他，我就想起了他所犯的事，我的心里就发虚，你千万不要泄漏说我知道他盗绢的事。假若他因此而羞愧自杀，这就使我背上了因财害士的名声。

另外一件事是他率部讨伐西部叛贼，一支箭飞过来，正好射中他的眼眶，血流不止。当部下捉住射箭的人时，群臣都想把他一块一块地碎割了。什翼健说，他也是为他的主子罢了，有什么罪呢？放了他吧。于是放了那个射伤他的人。

也许正是什翼健的宽厚仁慈，对于寔君与拓跋斤等人的造恶行径一直采取宽容的态度，结果导致了悲剧的发生。

寔君与拓跋斤杀死了什翼健，杀掉了大帐中的所有人员，又四处搜寻什翼健其他的儿子、孙子们。他们的目的是杀死什翼健所有的王子王孙，自己统领代。可惜什翼健苦心经营起来的代，被这些乱臣贼子葬送，而且殃及他的子孙。昨日的王族子弟们，遭到无情地杀戮，顷刻间便尸陈王宫。

觉察到什翼健中军帐情况不对头，贺氏急忙带着拓跋珪跑出寝帐，躲在一片草丛中。这时，一队高举火把的兵士在拓跋寔君带领下，飞快地冲入贺氏住的寝帐。没有搜到贺氏母子后，气急败坏的寔君下令一定要杀掉拓跋珪活捉贺氏。待他们向远处搜寻时，贺氏拉起拓跋珪向一辆勒勒车奔去，掀开篷帐一看，里面有两个小孩睡在那里，这是代王的两个小王子拓跋仪与拓跋觚，因为玩耍累了，睡在车上，牛拉着车漫游出了营帐，在草丛中觅食，这也正好救了二人的性命。贺氏急忙将拓跋珪放在车上，赶着车向草原深处逃去。

黎明时，他们逃出了营地，向贺兰部方向急驰。突然车轮一斜，陷入了草中。贺氏下车一看，车轴上的管钉丢了，车轮倾斜走不动了。如果拓跋寔君

追上来，只有束手就擒了。情急之下架氏跪在地上，仰天祈祷，苍天啊！如果天不灭我们代，让我的儿子拓跋珪逃脱此难光复先人事业，你就让这车赶快动起来吧！如其不然，就让我们死于此地吧！

果然，勒勒车又转动如初了。

对于这件事，也有说是高车人来袭，贺氏带拓跋珪避高车人追击，车陷入草地，赖贺氏祈祷苍天脱得此难。

这年，拓跋珪六岁。

经过几天的奔逃，他们终于来到了贺兰部。贺兰部的首领贺讷是贺野干的嗣子，是拓跋珪的舅父。他收留了他们，母子几人总算捡得一命。

前秦苻坚得到代内乱的消息，让张蚝等迅速出兵，乘机发兵攻代，寔君还未来得及继王位，便做了前秦的俘虏。代长史燕凤，以及没有被杀死的什翼健的儿子窟咄等被秦军俘虏。苻坚问燕凤代内乱的缘由，燕凤将事情经过原原本本地告诉了他。苻坚对寔君杀父篡位的事情十分愤怒，称这是"天下第一恶"，下令将拓跋寔君与拓跋斤装入囚车运到长安，以五马分尸法杀二人。

这时苻坚打算将拓跋珪从贺讷处接回到长安，挟持拓跋珪，以便将来利用拓跋珪控制代境。燕凤对苻坚说，代王刚死，部下离

散,作为遗孙的拓跋珪还小,没有力量统领代境。代原来的别部大人刘库仁有勇有谋,而刘卫辰却狡猾多诈,这两个人都不能够信任。您现在灭了代,使其宗庙没有了祭祀之人,代境百姓一定仇恨您。您想长久控制代,就应该以代人治代,但是目前代境内没有一人可承担此任。我认为您应该将代分为两部分,让刘库仁与刘卫辰各统领一部分。这两人一直不和,谁也不敢先称代王,怕受到天下人的指责,而且这两人中也没有一个人有能力统辖代地。长久以来积淀的仇恨,使这两人也不可能团结起来共同治理代。等到什翼健的孙子拓跋珪长大,您扶持他继代王位,这使您做了使代存在并延续其宗庙的大恩大德的事,代子子孙孙也会记着您的好处,供您驱使。而且这样做,也使您的边界得到了彻底的巩固与安定,这是一举多利的事。

苻坚听从了燕凤的话,将代一分为二,河东属刘库仁,河西属刘卫辰,划境分管。而且苻坚还将拓跋部分散安置到云中、定襄、五原、雁门四郡,"立尉监行事,官僚领押,课之治业营生,三五取丁,优复三年无租税。其渠帅岁终令朝献,出入行为之限制"(《晋书》)。

什翼健创立的代被肢解。

刘库仁是什翼健外甥,刘卫辰是什翼健的女婿,这二人是同族。

苻坚将什翼健的另外一个儿子窟咄带回了长安,这给以后拓跋珪带来了许多的麻烦,这是后话。

国破家亡,拓跋珪与母亲及两个弟弟开始了长达十多年的流亡生活。在贺讷处,虽然贺讷对外甥及妹妹照顾很周到,可是贺氏宗族中一些人排挤拓跋珪,总是制造事端,想置母子于死地,贺氏决定暂且离开贺兰部。这时贺氏得到消息,代亡后,代的一些大臣长孙嵩、梁眷等人陆续投到了刘库仁那儿。刘库仁是什翼犍的南部大人，是代的旧臣。几年前，什翼犍将自己的女儿嫁给了刘库仁，这样，刘库仁就成了拓跋珪的姑父。这时的刘库仁势力正旺，秦王苻坚加封他为广武将军，赏给他许多财物。他又打败了刘卫辰，俘虏了刘卫辰的妻子及儿女。刘卫辰自知势穷难振，便向秦王苻坚谢罪。苻坚命刘卫辰为西单于，管理黄河以西的游牧部落。原来代境的大部分都归属了刘库仁，因而，贺氏决定离开贺讷，投奔刘库仁。贺讷见妹妹去意已决，便派出卫兵将他们护送到了刘库仁处。

拓跋珪母子的到来，使刘库仁十分高兴。他把他们安置在他的中军营中，仍旧像什翼犍在时那样对待贺氏，礼节十分周到。他对他的几个儿子说，拓跋珪生来不凡，现在虽小，可是志向很远大，将来一定能够恢复并发扬祖业，你们一定要很好地对待他们母子，不要因为他们是流亡的人而轻蔑他们。这时的刘库仁又借助拓跋珪母子到来的影响，安抚代地离散的百姓，广施恩惠。原来什翼犍的部众，不少人归附了他。

拓跋珪在刘库仁处过了几年较为安定的生活，他从师学习汉文化，广泛结交各方人士。原来什翼犍的一些老臣，围聚在他的周围，教授一些军国大事的经验。这时拓跋珪虽然才十几岁，可是已经有了一定的势力。

但是这种好景也不长久。一次刘库仁在对燕作战中，被燕将慕舆文等杀死，刘库仁的弟弟刘头眷统领部众，刘库仁与刘头眷对拓跋珪母子都很好。但刘库仁的儿子刘显，总认为父亲死后，其位应由他来继承，对于叔叔占取头人位心怀不满，只是惧于刘头眷势力大，忍而未发。

公元385年，刘头眷大破柔然、贺兰部，势力大振。他的儿子罗辰对他说,现在我们兵锋所指,所向无敌,可是我们有心腹大患,愿早做准备。刘头眷问心腹大患来自何处,儿子回答说,我的堂哥刘显,是一个心机很深的人,将来必定为乱。我们以宽厚的姿态对待他,可他总是心怀叵测。应该远离他,以防他造恶。刘头眷没听儿子的话,不久,果然被刘显杀死。

刘显除掉了刘头眷,又打算杀掉拓跋珪。商人王霸知道了刘显的阴谋,在聚会中,踩拓跋珪的脚进行暗示。刘显的弟弟刘亢泥的妻子是拓跋珪的姑母(按照匈奴人的旧俗,父亲死后,儿子可娶后母为妻,于是刘库仁娶的什翼健的女儿,便归了刘亢泥),她在得到这个消息后,也迅速派人告讯了贺氏。有个叫梁六眷的人(什翼健之甥),是刘显的主谋,他得到刘显要杀拓跋珪的消息,暗里让他手下穆崇迅速向拓跋珪报告。

穆崇其人,十分机灵,身手敏捷,年轻的时候以偷窃为职业,是饮誉草原的盗窃高手。他的才能被梁六眷看好,便被梁六眷收到了帐下,跟随了梁六眷,成了梁六眷的心腹之人。梁六眷在派穆崇与奚牧告讯拓跋珪刘显欲谋杀之事时,把他的爱妻与骏马也交付给二人,并授以二人密计说,如果我的事情泄漏,刘显要杀我,你们二人就放出风声,说我不顾恩义助显为逆,你们二人夺了我的家室与宝马,足够为天下人解心头之恨了。后来,刘显果然怀疑梁六眷向拓跋珪告密,要囚禁梁六眷。穆崇便依梁六眷的计谋到处宣传,称梁六眷不顾拓跋家对他的恩义,帮助刘显谋杀拓跋珪,出于义愤我盗其妻马。刘显听说后,便放了梁六眷,对其信任如初。

其时拓跋珪已经十五岁了。几年的流亡生活,磨炼了拓跋珪的意志,也培育了他的胆识。得到刘显杀刘头眷,并且要除掉他们母子的消息后,迅速赶回驻地,与母亲见面。他与一批代流亡旧臣和新结识的一些朋友,商议如何逃走。贺氏建议再投贺讷。

傍晚,星斗满天,四野寂寥。营帐四周巡营的兵士一队跟着一队,明亮的火把与杂乱的脚步声,打乱了夜晚军营的宁静。拓跋珪母亲贺氏,心乱如麻。刘显磨刀霍霍,孤儿寡母眼看大祸临头。她派出心腹传话给儿子让他带拓跋仪等人尽快脱身,不要管自己。她决定自己留下来先稳住刘显,因为她明白,如果一齐走,惊动刘显,是无论如何也走不掉的。情急之中,贺氏想到了利用刘显的弱点。刘显嗜酒如命,爱色贪财,他一直想占有己身。虽然贺氏对这个人打心里是憎恨的,视之如豺狼猪狗,但是现在她已经被刘显逼到绝路上了。自己拼得一死算不了什么,可那样,儿子们就要遭殃了,她权衡再三,精心打扮一番,备了一桌丰盛的酒席,邀请刘显赴宴。只要拖延一个晚上,儿子拓跋珪就可以安全地脱身。

接到贺氏的邀请,刘显喜出望外。当年二十多岁的贺氏带着拓跋珪逃难来投他父亲刘库仁,刘显已经对这个美艳绝伦的寡妇垂涎三尺,但是父亲刘库仁对他们母子礼遇倍加,使其一直没敢动手。现在,又快十年过去了,贺氏似乎更加迷人了。自己又掌握了整个部落至高无上的大权,刀俎之鱼,焉能再逃。就在他准备下手时,她却下了邀请,苍天垂恩,贺兰美女将纳我室中。

他带了十几个贴身侍卫,快马加鞭来到贺氏的毡房前。

听到马蹄声,精心打扮的贺氏与侍女打开毡房门,将刘显接进来。贺氏本来天然丽质,今天又特意打扮一番,其美艳彻底将刘显征服。贺氏盛宴相请,满盛第一碗酒,感谢刘家几代人对她的恩遇,刘显一饮而尽;贺氏满盛第二碗酒,感谢刘显今日能够如约赴宴,刘显一饮而尽;贺氏再盛酒,刘显再一饮而尽……

美色与美酒,使刘显驾临云山雾海中,忘记了一切,留宿在了贺氏的毡房中……

而这时,拓跋珪与一帮旧臣已经轻骑逃离了独孤部。

第二天天一亮，贺氏便偷偷到了马棚中，鞭挞群马，马嘶鸣不已。而这时的刘显，因为昨天醉酒劳累，还没有起床。马的嘶鸣声惊醒了他，急忙到马棚中观看，见贺氏正在四处搜寻。刘显问她寻找什么，贺氏说，我的儿子刚才在这里，现在忽然不见了，莫非是被你们杀死了吗？说罢便号啕大哭不休。刘显反复申明说，昨天与你喝酒取乐，我醉睡到现在，没有见你的儿子，怎么会杀他呢。并安慰贺氏说，你的儿子一定出去不远，一会儿会回来的，你放心好了。

贺氏巧妙地骗过了刘显。刘显总认为拓跋珪没有知道他的阴谋，认为他还在营内，劝说一番贺氏后便离开了，也没有派人寻找拓跋珪。这样就赢得了时间，使拓跋珪平安地逃出了刘显的辖地。

拓跋珪逃奔到贺兰部，投奔他的舅舅贺讷，详细说明了情况。贺讷惊喜道，贤甥智慧胆识不凡，一定能够再次兴旺家业，有朝一日光复邦国，不要忘记老臣。拓跋珪回答道，如果真如舅言，一定不会忘记您，很好报答您的大恩大德。

贺讷安置好拓跋珪后，派出人员偷偷潜入刘显处，打探妹妹的消息。不几天，拓跋珪的另一个舅舅贺悦率领部众叛显归珪，也到了贺讷处。贺悦是刘显的外朝大人，他带领部众投奔贺讷，引起了刘显的怀疑。他又等不见拓跋珪回来，料知事情败泄。明白了前日贺氏设宴，实际是一场阴谋，是稳住他，好让她儿子逃走。

这时的刘显恼羞成怒，他持刀追杀贺氏，贺氏逃到了刘亢泥处，藏匿在神车中。由于神车代表鲜卑部落神秘的神旨，贺氏藏在那里三日没敢出去，刘显也没敢毁车杀贺氏。刘显弟弟刘亢泥夫妻二人多次向刘显求情，反复对他说，拓跋珪已经逃去，你杀了他的母亲又有什么用呢，不仅于事无益，而只能增加拓跋珪对你的仇恨罢了。刘显这才作罢，但仍坚持不放贺氏，将他扣留在营中。

刘显扣留贺氏，一方面是贪其美色，欲长期霸占贺氏；另一方面，也想通过贺氏来控制拓跋珪，使拓跋珪听命于他。但不几天他的南部大人长孙嵩率所部七百余家投奔拓跋珪。刘显十分愤怒，带领轻骑追击长孙嵩。不料他的中部大人庾和辰乘其不在，偷偷带贺氏逃出刘显营部，投奔到了贺兰部。母子遂得团圆。

　　拓跋珪在贺兰部几个月，远近的人都来归附他，深得民心，势力逐渐增大。老诚且仁雅的贺讷，对于这个外甥从一开始就格外地垂爱，将光复代国的希望寄托在了他的身上。他引领拓跋珪广泛接触各方贤能之人，让他增长见识，培养锻炼拓跋珪的才干。而贺讷的同胞弟弟贺染干忌恨拓跋珪的才能，担心将来拓跋珪夺取贺兰部。便派遣心腹侯引七到拓跋珪的营地，想瞅准机会杀掉拓跋珪。

　　侯引七是贺兰部有名的杀手，他的周围聚集了一批亡命之徒，以杀戮为乐。接到贺染干让他杀拓跋珪的命令及赏赐的财物后，侯引七十分高兴。他聚集同伙，杀牛烹羊，先大宴一番。对于杀这对孤儿寡母，侯引七等人认为不费吹灰之力。但是，他们的阴谋被一个叫尉古真的人得到了，尉古真又告讯了拓跋珪。拓跋珪严加防范，侯引七没有机会下手，只好向贺染干汇报。贺染干觉得很奇怪，他偷偷到拓跋珪驻地转了一圈，发觉拓跋珪戒备森严。贺染干认为一定有人走漏了消息，便找来侯引七问他有什么人知道这件事，侯引七说尉古真知道。于是贺染干暗里观察尉古真，觉察到了尉古真的可疑，便让卫兵将其抓获。

　　面对贺染干与侯引七等人的百般毒打与凌辱，尉古真始终不承认他泄密的事。恼羞成怒的贺染干用两车轴夹住他的头，直到夹瞎一只眼，尉古真也不承认。因为没有确凿事实，只好放了尉古真。

由于尉古真失去了一只眼,拓跋珪以后的军营中,便有了一个独眼将军。这个独眼将军跟随拓跋珪东征西伐,屡立战功,深受拓跋珪以及拓跋嗣父子两代帝王的厚爱。

派出的杀手没有成功,贺染干只好亲自上阵了。他完全置亲情于不顾,必欲置外甥于死地。一天,他带领一批兵将围住了拓跋珪母子的帐篷,与拓跋珪寥寥无几的侍卫对峙着。

拓跋珪与母亲贺氏站在帐篷门口,贺氏高声对士兵说,贺讷是我哥哥,他是你们的头领,贺染干是我的弟弟,涉圭是他们的外甥。你们如果现在杀进来,杀死了我们母子,你们终也难逃一死。贺氏义正词严,兵士们裹足不前。贺氏又来到了贺染干面前斥责贺染干说,染干,你是我的弟弟,我与你有什么仇,你要杀死我的儿子,而且他也是你的外甥。

被姐姐斥责,贺染干十分羞愧,带领众人离去了,从此也平息了杀掉外甥的念头。

拓跋珪在贺兰部几个月的时间,周围聚集了大批的人士,具备了一定的发展条件。这时他的从曾祖纥罗兄弟以及其他一些大臣,一同向贺讷请示,愿意推举拓跋珪为王,统领原来代留下的部众,贺讷自然赞成。于是以贺讷为首的一帮人,积极奔走策划,他们纠联部落,串联贵族,为拓跋珪称王做工作。

晋太元十一年(公元386年)正月,拓跋珪在牛川大会各部,正式继代王位。改元登国,他使长孙嵩为南部大人,叔孙普洛为北部大人,分别统领部众,以张衮为左长史,许谦为右司马,王建、和跋、叔孙建、庾岳为外朝大人,并且任用了一些汉族官吏。"班爵叙勋,各有差"。自什翼健后灭亡了十多年的代,又得以重兴。

拓跋珪新建的代,其组成人员主要有三大部分,一部分是所谓的"宗室八姓",这是联盟的核心,这八姓是鲜卑拓跋部落几代人形成的有血缘关系的八个部落;另一部分是"宗室八姓"以外的其他部落,力量较强的有贺兰部、丘穆陵部;再一部分就是汉人,燕凤、许谦、张衮等人为代表。其统治机构基本上承袭了什翼健时期的体制,带有浓厚的氏族贵族民主制的风尚。

由于国家初创,拓跋珪又年少,对代原来大部分官吏不太了解,他所任用的官吏,多靠几位老臣举荐。拓跋珪深怕由此种下朋党的恶果,危害后代,因而他每任用官吏,都要召集皇族、重臣及代的旧臣商议,力图使所任官吏,能够唯代王命是从。各地有识之士,欣闻代复国后,少年国王求贤若渴,而代有许多官吏职位空缺,纷纷来到拓跋珪的麾下,拓跋珪皆量才而用,委以差事。

伴着贤能之士及一些部落头人、首领们的来到,大量的部落民众也一群一伙地向代中心地境聚拢过来,他们赶着勒勒车,扶老携幼,满怀着对未来的希望。人们的呼喝声、歌声,牛羊的叫声,骏马的咆嘶声在原野上回荡。鲜卑拓跋部经历了十多年的离乱无绪,现在终于又复国了,部落民众们感到了万分的高兴,从此心中有了依托。散乱了的部族,像小溪小河汇入大江大河一样,向着代王的身边涌来。

拓跋珪兴代后,嫌牛川地势偏僻,不足发展,正月称代王,二月便迁到了盛乐,以此为都城,休养生息,怀柔各都。四月,他又改代为魏,称魏王。

艰难困苦,玉汝于成。拓跋珪历经十多年的流亡生活,终于兴代。他于牛川称代王,后人称此事为"牛川起事"。牛川史书多载为现在呼和浩特市东南,具体东南到那里,没有明确。有人说牛川可能是武川,或说是今兴和长川等处,也有人认为是集宁东黄旗海附近,或说是阴山以北的西拉木伦河,或说是在今大黑河上游。而也有人考证,认为牛川是现在凉城县崞县夭左卫夭盆地,该地正是史家常说的呼和浩特东南。史料中记载拓跋珪在牛川的活动相当多，真如一些人考证说拓跋珪牛川起事就在今凉城县崞县夭左卫夭一带，那么凉城便既是他的出生地，也是他的起事地了。

盛乐，在什翼健时已经投入了很大的人力、物力进行了建设。什翼健死后，代被苻坚解体，盛乐几经劫难，人数锐减。拓跋珪迁都到盛乐后，再次进行都城建设。盛乐，历经了力微、猗卢、什翼健后，在拓跋珪时进入了全盛时期。到398年拓跋珪迁都平城，盛乐作为北魏的都城历经十二年。鲜卑拓跋部在盛乐两创代国，历经四位首领。这儿也是他们早期帝王的埋葬地，北魏王朝先后有五位帝王、十多位皇后、众多皇族安葬于此。

关于盛乐，史料中有"云中盛乐"与"定襄盛乐"的说法。这样史学界也就有了拓跋珪建都地盛乐是在今托克托县一带，还是今和林格尔县的争议。但就目前两地的考古材料看，云中盛乐出土的文物多是魏中晚期的文物，定襄盛乐出土的文物既有魏中晚期的文物，也有代及魏前期的文物，人们逐渐倾向于拓跋珪所建立的魏的都城在定襄盛乐。

今天，从呼和浩特市出发到和林格尔县，在209国道边，有一碑，上写：土城子古城遗址。这就是古盛乐遗址，是国家重点文物保护单位。现在掘出的遗址约四平方公里，但是更多的有价值的东西还埋于地下有待发掘。

第四章 龙韬虎略 并吞诸部

公元386年四月,拓跋珪放弃原来晋王朝对拓跋部首领代王的封号改称魏王,他俨然以一个国君的身份,与其他割据一方的政权分庭抗礼。称王伊始,他便努力使自己的政权由联盟向王权方面过渡,使什翼健时遗留下来的国家管理模式逐步解体。他分封有功大臣,并以他所封的大臣,替代部落原首领。他鼓励游牧民族定居从事农业生产,奖励耕作,抑制一些鲜卑贵族过度的围田狩猎,让广大群众休养生息。当时王位初立,国事初定,拓跋珪采取先安内的政策,以怀柔的态度,对待魏内部的矛盾,极力将大事化小,小事化了。年轻的拓跋珪在巩固政权方面,表现出了卓越的才能。

但是,就当时形势而言,年轻的北魏政权,无论从哪方面来说,仍旧是一个弱小的政权。他的东方及南方,后燕与西燕你争我夺,战火正酣;他的西方是西秦政权。这些割据一方的政权,都比拓跋魏要强大。一些游牧部落雄居漠北,也对魏虎视眈眈。铁佛部、柔然部、敕勒部、库莫奚部等游牧部落如同草原上游走的狼一样,常常掠夺魏境的人畜财物,扰得魏境不得安宁。

四境不宁,内部也不巩固。拓跋珪牛川起事恢复代后,其内部的管理模式,基本上是承袭什翼健时候的模式,各部落结成联盟,共同听命于代王。拓跋珪称王建魏国后,其格局也没有太大的改变，这样一些部落首领、大人们有相当大的权力，他们拥有自己的武装、财富、草场，在自己的属地内有生杀予夺的大权。而鲜卑皇族们，按习俗都有当王的资格。拓跋珪称王后，他的叔父辈及弟兄辈不少，这些人都各自拥有自己的势力，威胁着拓跋珪的王位。因而，如何巩固政权成为拓跋珪考虑的主要问题。

在这种情形下，投奔到拓跋珪帐下的汉族谋臣们，成了拓跋珪当时的心腹。拓跋珪常常将他们召集来，密商魏国内外的大事。燕凤、许谦、张衮等谋士为魏王谋划出了外和后燕，内怀诸部，首先消灭窟咄与刘显稳定王权，进而并吞西北部弱小部落，壮大自己的力量，等有一定的实力后，待天下形势有变，然后南扩东进的战略构想。

拓跋珪遵循这一战略构想，策马扬鞭，带领着鲜卑拓跋勇士们，踏上他的争霸征途。

他首先广泛吸纳各部落，壮大自己的力量。刘显南逃以后，他的族人奴真率领部族人众归降了拓跋珪。奴真有兄曰健，率众居在贺兰部。奴真对拓跋珪说，我愿意把我的兄长招来归附你。拓跋珪便让奴真招兄。可是贺染干从中作梗，结果健归附了贺染干。失信于魏王，又受到了贺染干及健的戏弄，使直率的奴真大怒，他杀了兄长健。贺染干听说后，发兵攻打奴真，奴真逃到拓跋珪处，请求魏王帮忙。

奴真有个妹妹，长得十分漂亮，奴真便把她带来，献给了拓跋珪。拓跋珪将其纳入营帐中，十分宠幸。但是这个女人早已被刘显看上，刘显之所以没有下手掠取，是慑于奴真的悍勇。此次奴真将其妹妹献于魏王，刘显对拓跋珪更加仇恨了。

贺染干听说奴真逃到魏王处，便摆出舅舅的姿态，遣使向拓跋珪要人。要求外甥拓跋珪交出奴真，替死去的健复仇；并且交出奴真的妹妹,由他转交给刘显,以息将要燃起的战火。言辞十分尖刻强硬,引起了魏众将的不满。

魏的各位大人们都劝魏王出兵讨伐贺染干,以雪前仇新恨。但是拓跋珪权衡利弊,没有发兵。他深知魏现在的实力不是刘显与贺染干两强相联的对手。他派出使者劝说贺染干,晓以利害,并且拿出大量的财物厚赠贺染干,终于使这个舅舅停止了对代境的侵扰。

尽管拓跋珪努力争取国内和平,但是刚建的魏内部很不巩固,叛乱的事常常发生。当拓跋珪东到陵石时,护佛侯部首领侯辰、乙佛部首领代题等就背叛了他。他们带领部族、牛羊、财物向西北荒漠深处逃走。诸将请示追击他们,拓跋珪说,他们几代人以来一直都追随着我们,为我们部落做出了贡献,现在即使有罪也应当容忍他们,况且如今国家草创,人情不一,不要追他们了。

也许是魏王的怀柔政策感染了代题,半年后,他又率众归附拓跋珪。但是拓跋珪约束部落头人们,惩罚过度劫掠的政策使这些以掠夺为职业的人们极不适应。代题归顺仅十多天,就又投奔到了刘显处。拓跋珪没有兴师问罪,而是让代题的孙子倍斥统领乙佛部,从而有效地稳定了乙佛部落。不久,刘显的另外一个弟弟刘亢泥带领人众归附魏。

前秦灭了代以后,将代王什翼健的小儿子窟咄俘虏到了长安。在长安几年,苻坚让他精读兵法。拓跋窟咄几年的被执长安生活,非但没有毁了他,反而使他增长了不少见识,学到了不少知识。苻坚死后,他逃到了西燕,投奔慕容永。慕容永对待窟咄,同样不以亡国战俘身份对待他,一直对他恩礼备至,他想通过他,控制代以后的局面。因为这个窟咄是什翼健死后留下来的儿孙中年龄最长、最有威望的,而且他还是魏王拓跋珪的叔父。西燕主将窟咄送入太学学习,后来又扶持窟咄做了新兴太守。拓跋窟咄成了拓跋珪王位之争的主要对手。

刘显杀死刘头眷后,夺取了刘库仁、刘头眷在部落的所有权力。他一直伺机想除掉拓跋珪,几次下手未成。拓跋珪即代王位,使刘显十分气恼不安。为了削弱拓跋珪日益强大的势力,便派其弟弟刘亢泥引兵将窟咄接回,在魏境内制造混乱。他派人到各部散布流言,说窟咄应该为代王。

拓跋窟咄其人,聪明而有智谋。代国灭亡,父王身死,他经历了国破家亡的流亡生活,经历了寄人篱下的悲惨时日,虽然苻坚与慕容永一直对其恩礼有加,但是他如同一个玩偶般被苻坚、慕容永以及刘显等人抬来抬去,感到了极大的不平。借助他们的力量,夺取拓跋珪的政权,一直是他的奋斗目标。他一方面有他的血缘优势(他是代王什翼健的儿子),另一方面他又有外力优势(有慕容永、刘显等人的支持),对于谋取魏王位,他志在必得。于是他干脆打出了代王的旗号,声言拓跋珪是伪魏王。

刘显大兵压境,拓跋窟咄又兵出高柳(今山西阳高),贺染干又率军侵扰魏的边境,而在几路强敌压境的同时,内乱又起。

拓跋珪有个部将叫于桓,得到刘显、拓跋窟咄、贺染干三路大军进犯魏境的消息后,认为拓跋珪王位势必由其叔父窟咄取代,应抓住这难得的机遇帮助窟咄复辟,如果窟咄登上王位,他就有了拥立之功。因而他与一些人商议,想扣押拓跋珪,迎回窟咄继位。代人莫题等也暗里与窟咄勾结。一个阴谋颠覆拓跋珪政权的集团正在形成。

似乎是天意,每次在危难中总有人帮助拓跋珪。于桓的舅舅正是穆崇。一日,于桓等人再一次密谋,完善他们的叛乱计划。因为穆崇这个人,很有智谋,加之又是于桓的舅舅,他们便邀请了穆

崇也来商量此事。于桓对穆崇说，现在窟咄已经立为代王，众人都
归附他，这是获取富贵的最好时候，机不可失，希望舅父与我们一
同干大事业。于桓等人计划在夜晚举事，先控制拓跋珪中军帐的
侍卫兵士，然后扣押拓跋珪，向部落所有头人宣布由窟咄继魏王
位。

穆崇得到这个消息后，迅速向拓跋珪报告。拓跋珪以商量讨
伐境外一些部落对边境的侵扰为借口，召集众大人、首领开会，在
会上抓捕了于桓。由于于桓是魏王的部将，于是他采取杀一儆百
的办法，诛杀了于桓等五人，但是莫题在代境很有影响，拓跋珪为
了稳定局面，他将莫题等教训一番，使其改过之后，将其七族赦免。

拓跋珪平息了他继位后的第一场叛乱，但是于桓等人的叛乱，
也使拓跋珪充分认识到形势的严峻。这时刘显与拓跋窟咄两路大
军逼近魏境，以当时拓跋珪的实力，是很难同时与这两个强敌作战
的。

拓跋珪面对两路强敌，中肯地分析了形势，他认为，刘显是为
争夺草场与财富而来，而窟咄是为了争夺王位而来，这二人虽然结
成了同盟，但是目的是不尽相同的。既然不能与敌硬拼，那只有
"三十六计走为上"了。现在时令将近寒冬，只要躲一阵，敌人就会
迫于寒冬退兵。于是他派出拓跋仪等厚带物资到贺兰部，请求贺
讷接纳他们，同时号令各部坚壁清野，带领部族向贺兰部地区转
移。

窟咄是来夺王位的，王位是不能让的，对于窟咄只能用战争的
手段来解决。但是刘显是为财富与女人而来，这是可以考虑的。
拓跋珪采用了分化瓦解敌人的办法，派使者到刘显处，答应了刘显
的一些要求，让出了部分草场，并且把奴真的妹妹让于刘显。刘显
在得到大量财富，尤其是在得到了他日思夜想的美丽的女人后，对

进攻拓跋珪也不过于积极了。

他择地停下来，拥美人饮美酒，过了近一个多月，最后找借口回去了。

刘显走了，但是窟咄却仍趋军前进，对于魏王位，他是迫不及待的。初冬的松漠草原，冷风嗖嗖，拓跋窟咄一路深入，却未发现拓跋珪的一兵一卒，连一只羊也没发现。被火烧过的一些草地，一片焦黑，马无草料保障，士兵们的过冬物资准备不足，进军面临许多困难。一些将领提出撤军，但窟咄不允许，继续挺进。

窟咄不除，魏难未已。拓跋珪下决心要消灭拓跋窟咄。当他得到刘显已退走、只留下窟咄孤军深入的消息后，便马上召集部落各大人，让他们率领部落勇士迅速返回故地准备消灭窟咄。他又派安同带了大量的财物，厚赂燕主及其手下拥兵贵族，向燕借兵以平难。

援军还没有到，而窟咄又与贺染干相勾结，大肆侵略魏北部边境。北部大人叔孙普洛未战而亡，逃奔到刘卫辰那儿。魏都城也受到威胁。

此时，后燕统治的区域主要是幽州、冀州、平州等。燕主慕容垂一方面鉴于和拓跋部的婚姻关系；另一方面因为拓跋窟咄依附的是西燕，西燕主慕容永占据长子后，无意东归，下令诛杀了慕容垂弟兄子孙，改元称帝建立政权，与后燕成为敌国。鉴于此，后燕主慕容垂毫不犹豫派赵王慕容麟率兵帮助拓跋珪讨伐窟咄。

叔孙普洛率部反叛，使魏朝野上下震惊，多数人主张分兵追击叔孙普洛。但张衮献计于魏王，叔孙普洛反叛只是魏国体外之伤，拓跋窟咄乃国之毒瘤，应集中兵力先与后燕联合，抓住机会，将其消灭，这样才能保证魏的政权不因受来自内部争夺而颠覆。

拓跋珪采纳张衮之计，命长孙嵩为主将，率军埋伏在参合陉，他亲自率军出代谷(今大同西),迂回向参合陉包抄,两路夹击拓跋窟咄的军队。又派出一支精兵到牛川,包抄参合陉溃败的敌人,务要将窟咄一举歼灭。拓跋窟咄果然兵出参合陉。埋伏在参合陉两旁山上的魏军万箭齐发,行进在沟谷中的拓跋窟咄的部队,顷刻被射死射伤无数,狭长的沟谷,成为窟咄几万大军的坟墓。拓跋珪一马当先,亲率卫队,从南面包抄上来,而长孙嵩又率众从山上冲下来,弯刀闪着寒光,如同饿虎闯入了羊群。拓跋窟咄见形势不妙,在众侍卫的拼杀下,冲出了重围。这时后燕援军也到了。拓跋窟咄终于不敌来自魏与后燕的两支劲旅,所带的部队全部被消灭。

窟咄走投无路,只好投降刘卫辰,结果被刘卫辰杀死。拓跋珪总算除掉了一个争王位的劲敌。对于窟咄的部众,拓跋珪下令,只要投降,所有人的罪行一概不问,于是散卒全部归降了拓跋珪。

今天,我们从呼和浩特出发到凉城,走南路便要经过石匣沟,这就是北魏时期的参合陉。中间一条路,顺沟而上,两面是山谷高坡。伫立于沟畔山坡,我们不禁为拓跋珪所选的战场而叫绝。发生于凉城境内的这次伏击战,拓跋珪大败其叔父拓跋窟咄,使其王位得到了巩固。拓跋窟咄一死,再也没有人敢明目张胆地与魏王争位了。

古参合道石匣沟石凿段

拓跋珪任库狄干为北部大人安抚魏北部边境。他厚赏燕军将士,使其归燕。代境内初得巩固。

燕主慕容垂帮助拓跋珪消灭了拓跋窟咄,使拓跋珪王位得到了巩固。他为了进一步控制魏,封拓跋珪为西单于兼上谷王,他的目的是,想通过封官的形式,让拓跋珪感激他,好控制拓跋珪,使拓跋珪创的北魏成为他的附庸。可是拓跋珪对燕使者说,他十分感谢燕主的帮助与提携,但自己年龄小,才能也不高,不能够做上谷王。并给燕国使者许多财物,贿赂他,让他回到燕后,在燕主面前说好话。拓跋珪不愿寄人篱下,受人控制,足见其少年大志。

窟咄一死,使刘显想利用窟咄推翻拓跋珪政权的目的彻底落空。反复无常的刘卫辰与其同宗刘显长年不睦,互相征伐。刘卫辰由于与后燕、后秦等修好了关系,得到了两大强国的支持,先后并吞了许多弱小部落,从而势力大增。刘卫辰为了感谢后燕的支持,遣使到燕贡献名马,结果被刘显中途夺去。燕主慕容垂平生有两大爱好:一爱好名马,二爱好美女。

刘卫辰贡献后燕名马,也是投燕主所好。因而燕主慕容垂听说刘显劫夺其良马后,十分愤怒,便想出兵讨伐刘显。

得到后燕与刘显交恶的消息,拓跋珪十分高兴,他敏锐地意识到,消灭刘显的机会到了。他召集众人商议对策。长史张衮给拓跋珪献计说,刘显地广兵强,他的志向在于并吞周围,所以树敌很多,现在他们内里争斗不休,这回又与燕结仇。我们的力量不能够消灭他,正好乘机与燕联合消灭刘显,除掉我们的心腹大患。

拓跋珪十分佩服张衮的建议,急忙派安同再次到后燕,向后燕借军,愿意与后燕联合消灭刘显,为燕主夺回良马,并许诺燕可以夺占刘显大部分的财物与草场。燕主慕容垂也正想攻打刘显以出前日夺马之气,于是派出大军,大举进攻刘显。但是,拓跋珪深知,刘显的独孤部落,是素以剽悍善战著称的,如果贸然与刘显恶战,虽然将刘显打败了,但自己也会付出沉重的代价。刘显与后燕失和,后燕恨之入骨,后燕主慕容垂的力量是强大的,借人之力,达己目的,让后燕与刘显先拼杀,待其双方俱疲之时,再出师,必然能获得更好的收益。于是他将部队先停留在盛乐,派出人打探刘显与后燕交战消息。

其时,后燕将军慕容麟率马步军兵五万之众与刘显的三万铁骑正在恶战。虽然后燕军人数比敌方多,但是英勇善战的独孤铁骑,像砍瓜割菜一样,将后燕军士一个个杀翻。在经过三四天的血战、后燕军眼看抵挡不住时,拓跋珪的魏军才从天而降。拓跋珪以一个战略家的眼光,又一次以微小的代价获得全胜。刘显兵败逃走,独孤部的所有财物人众被魏、燕两军所获。

在对待战利品中,拓跋珪再次显出他过人之处。他将牛马羊及大部分财物让于慕容麟,而将战俘与女人留下来充实到了他的部落里,分赏给了有功的将士。他认为,只有人多了,魏国才能有成千上万的勇士跟着他去冲锋杀敌,才能夺取一块又一块的草地,才能兼并一个又一个的部落,才能掠夺更多的财物。女人多了,才能为魏国生育出一批又一批的勇士来,这才是使国家强大的根本之举。

借后燕之手,拓跋珪又除掉了一个劲敌,拓跋珪祖母族慕容氏对拓跋珪建国初的贡献是巨大的。

拓跋窟咄与刘显的被消灭,对拓跋珪来说,其意义是深远的。首先,避免了拓跋部联盟灭亡的危险,拓跋珪不但在漠南草原上站稳了脚,而且势力向代郡南推进了很远的地方;其次,两次战争的胜利,皆依赖于后燕的支持,大量的战利品,多数归之于慕容燕,这样与后燕的关系得到了进一步的密切;更重要的是,通过战争,促进了拓跋部各部落畜牧业和奴隶制因素的产生和发展,战争加强了维护王权的力量,拓跋珪的个人权力得到了攻固。挟带着胜利的气势,他向西、北近邻的一些部落接连发动战争,连破库莫奚、高车、叱突邻诸部,又帮助舅舅贺讷打败了直力鞮,使魏境得以安定。

经过两年多的征伐,拓跋珪的魏王基业得到了稳固。西北部、北部的一些部落,诸如柔然、蠕蠕、铁勒等虽然时常侵扰魏界,但他们主要是掠夺财物,并非是争夺王位。刘显、窟咄被打败,使拓跋珪从根本上消除了对他王位的威胁。登国二年(公元387年)正月,拓跋珪大肆封赐功臣长孙嵩等七十三人。这年冬天,他带领王公大臣、贵族头人及一些部落的酋长们回到牛川,凭吊他起事的地方。

当时战争所得要比平时畜牧耕作所得来得快而且多,拓跋珪下令颁赐功臣,对凡是参战的将士、官吏,将战争中所获物,包括牲畜、财物、女人和俘虏,按军功大小,分等级赏赐。这道王令,激发了每个鲜卑勇士的好战心里,战争成为了他们生命中不可或缺的一部分,也成为了他们的一个兴奋点。一场战争过去,牛羊多了,奴隶多了,毡房中的女人也多了,部落壮大了。因而,在某种意义上讲,拓跋珪的颁赐功臣令提高了鲜卑拓跋部的战斗力,提升了拓跋珪的凝聚力。

政权巩固了,讨伐其他部落获胜,又使新生的北魏政权有了一定的经济基础。这时的拓跋珪,开始打起了向东、向南扩张的主意。当时,拓跋珪所处的位置,西北面是一些游牧部落,经过几年的征战,这些部落或降或逃,对他的政权已经构不成多大的威胁。中原的农耕文明,强烈地吸引着这个雄才大略的少年少数民族帝王。跨过长城,饮马黄河,成为他下一步的战略构想。于是他先后派出王建、安同、长孙贺、拓跋仪、拓跋虔等出使后燕,一方面与后燕修好关系,借助后燕的力量壮大自己,另一方面,也窥测后燕的虚实情况。这些派去出使的人中,最著名的是拓跋仪。

东晋太元十三年、魏登国三年(公元388年)八月,魏王拓跋珪派九原公拓跋仪出使后燕。他名义上是感谢后燕几年来的支持,实际上是探看后燕的虚实情况。临行前,拓跋珪反复叮咛拓跋仪,让他广泛接触后燕各方人士,尤其是皇族以及军事将领们。拓跋仪带了大量随从及大批金银财宝、牛羊酒肉入燕。

拓跋仪,据有关资料记述,其人"长七尺五寸,容貌甚伟,美须髯,有算略,少能舞剑,骑射绝人。"拓跋仪力大过人,弓力将近十石,人称"卫王弓,桓王槊"(桓王是指陈留公拓跋虔,槊大称异),是鲜卑拓跋家族的一个优秀人才,赐爵九原公,跟随拓跋珪南征北战,颇有战功。如果单纯是与后燕修好关系,魏王派安同等人足可,派拓跋仪去,一方面因为拓跋仪

身份高于其他人,他毕竟是魏王的弟弟,而且随贺太后与魏王一同逃难流亡十多年,是与魏王有生死患难之交的。另一方面,魏王要通过这次出访,了解后燕情况,对于"有算略"的拓跋仪,这个任务是非他莫属的,而且,事实上也证明拓跋仪确实是这次出使的合适人选。

除了这一点,还有一个因素,拓跋仪实际上是什翼健的儿子。

当年长孙斤叛乱杀伤了拓跋寔,后不久拓跋寔因伤重不治便死了。按照当时鲜卑人的风俗,什翼健便将儿媳纳为己妇。拓跋珪是遗腹子,自然应叫什翼健为祖父。但此后,什翼健与儿媳贺氏生下了拓跋仪、拓跋烈与拓跋觚。后世鲜卑人修订自己祖上历史时,感到为难,因此多隐而不说。什翼健曾娶慕容皇族女为妻,生拓跋寔。有这种关系,使拓跋仪与后燕主慕容垂有了一种特别的关系。因为什翼健死得早,贺氏又带着拓跋珪与拓跋仪、拓跋觚逃难十年,他们同出一母,因而按弟兄相称,而没有按叔侄辈相称了。

但是,也有人说拓跋仪是拓跋珪的堂弟,他是什翼健第三子拓跋翰的儿子。但是反对这种说法的人也很多,原因是魏收迫于压力,伪造了拓跋仪的身世,以遮父纳子媳之丑。

果然,当拓跋仪拜见慕容垂时,慕容垂见拓跋珪未亲自来,便责问拓跋仪,为何魏王不亲自前来。拓跋仪回答说,我们先王和燕一齐尊奉晋,世代如同兄弟,我奉命前来,未曾有失礼处。临行前,我们魏王反复叮咛我到燕后如何做。我的行动,都是按照魏王的意思行事。慕容垂傲慢地说,我今威加海内,怎么是过去相比的。拓跋仪也毫不示弱地说,燕如果失去理智,想诉诸武力,这是军事将帅的事,不是我出使的使命。我的使命是奉魏王意思,修好两国关系,答谢燕几年来的帮助。燕主慕容垂虽气恼但也无奈,只好优厚招待拓跋仪。拓跋仪在燕中山留住了几天,他先后拜会太子慕容宝及慕容祥、慕容麟等皇族和重要王侯,并且安插了一些间谍。

拓跋仪掌握了燕的许多情况后,回到魏。他对拓跋珪说,燕主慕容垂已经衰老,太子慕容宝暗弱无能;范阳王慕容德自负勇略超人,将来必定不安于做太子的臣下;赵王慕容麟刚愎自用,目无他人;而慕容精、慕容会等人都各怀私虑,一旦慕容垂死掉,内乱必起,到那时我们就可以乘乱图燕。现在慕容垂还活着,他们还很团结,这还不是图燕的时候。拓跋珪采纳了拓跋仪的建议,仍然与燕修善,不伤和气,使魏的东部和南部边境得以巩固。

拓跋珪置东南部于不顾,将大部的兵力北移。魏登国四年(公元389年)二月,他亲率大军讨伐叱突邻部。拓跋珪伐讨叱突邻部,其意有二:一方面灭其部落,收缴财物;另一方面,逼贺染干出面,好消灭他,以报前仇。当时贺染干与叱突邻部关系十分友好,相互帮助。拓跋珪判定,攻打叱突邻部,贺染干必定来救。事情果然不出拓跋珪的预料,当拓跋珪派出的魏军兵锋指向叱突邻部时,叱突邻果然向贺染干求助,贺染干便提兵来救。

这时拓跋珪的大军驻扎在意辛山(在今内蒙古自治区四子王旗境内)。得到贺染干出兵的消息,拓跋珪马上调兵遣将,他派出几路大军数万铁骑直扑贺染干。在各路大军临出发时,拓跋珪命令他们此次战斗,不以夺取人畜草场为目的,务必要消灭贺染干的有生力量,使贺染干无力再造恶。为了稳定贺兰部局面,他又派出了贺毗(与贺纳是同父异母弟)率军进逼贺兰部,诱使贺染干部落的一些人投奔贺毗。在魏军的铁骑面前,贺染干屡战屡败,逃回到了大漠深处。

接着,拓跋珪又调转马头,扑向高车部落。依拓跋珪的想法,高车部落也会像叱突邻部落一样,不堪一击。可是与高车部一接触,高车部的骑兵卷地而来,嗷嗷地直叫,像一群狼一样,嚎叫着扑过来。魏军前锋部队从来未见这种形势,便溃退了下来,向拓跋珪汇报。

拓跋珪召集群臣商议破敌之策。燕凤说,高车部落本是匈奴人与狼的后代。从前匈奴单于生有两个女儿,长得十分美丽,整个草原的人都认为这是神仙下凡。单于说,我有这样的两个女儿,怎么能够嫁给凡人呢,应该嫁给上苍。于是在北方草原的深处建了

高台,把他的两个女儿安置在台上,希望让苍天来娶这二女。三年过去了,他们的母亲想接回这两个女儿,单于不让。 又过了一年,

一个老狼来到了台下,守在那儿昼夜呼号不止,并且在台下筑穴,住了下来。小女儿说,我们的父亲把我们安置在这里,想让我们与天配。现在狼来了,或许这就是神物,是上苍安排的。她打算下台接纳狼。她的姐姐大惊说,这是畜生,你千万不要辱没父母的名声。妹妹没有听从姐姐的话,走下台与狼住在了一块,做了狼的妻子,逐渐繁衍了后代,成为了一个大的部落,这个部落就是以后的高车部落。所以他们爱好高声吼叫,十分像狼嚎,发出的声音令外人害怕。明日我们与高车骑兵作战,只要让士兵塞住人耳及马耳,就可以战胜敌人了。

魏军依燕凤计而行,果然大败高车,俘获甚多。

在拓跋珪远征西北部一些部落征杀正酣时,刘卫辰乘机作乱。魏登国五年,刘卫辰派他的儿子直力鞮率骑兵大举进攻贺兰部。贺兰部是当时松漠草原上各部落最富庶的部落。首领贺讷仁雅但怯弱,被围困后,初想投降,后又派人冒死向外甥拓跋珪求救。

得到贺讷的求救信后,拓跋珪亲率大军,大举讨伐刘卫辰,一解舅围,二报旧仇。直力鞮见魏兵至,使抛下财物,轻骑逃走。拓跋珪与阔别多年的舅父见面,他厚赠贺讷牛羊财物,以感谢贺讷多

次在危难中的救助。

但是这次见面，又引发了新的矛盾。垂老且怯弱的贺讷，丰腴而富饶的部落，引起了拓跋珪的又一占有欲。并吞贺兰部、壮大魏的力量，又成为了他的下一个目标。可是对于已有恩的贺讷，如果贸然出兵加之，无论如何也是说不下去的，但是不久，这个机会来了。

贺染于被打败在荒漠深处蛰伏了一段时日后，又投到他哥哥贺讷处。同样，他对富裕的贺兰部垂涎三尺，图谋夺取兄位。他蓄养了一批敢死之士，阴谋刺杀贺讷，但被贺讷发觉，贺讷大怒，引兵攻打贺染干，贺染干也举众相迎击，这样弟兄二人连年争战。贺讷屡战贺染干不能取胜，便向外甥拓跋珪求救，这正中拓跋珪的下怀，便趁他们弟兄相争，想了一条借刀杀人的计策。

首先他暗里派使者到后燕，请求燕出军讨伐贺讷弟兄，自己愿为燕军提供粮草，并且许诺在攻占贺兰部后，燕可以夺占大部分财物。明里又派人到贺讷处送信，让他先与燕军战，自己随后率军来救。

慕容垂得到魏请其出兵讨伐贺氏兄弟的信，十分高兴。因为当时后燕对于贺兰部也是极力地拉拢，千方百计想争夺对它的控制权。后燕主慕容垂曾封贺讷为归善王，但是，贺讷阳奉阴违，一直对燕主不冷不热，使燕主十分恼火。与拓跋珪联手攻打贺兰部，即使不能够全部控制贺兰部，而通过战争，也可以大捞一把。于是燕主派慕容麟率军长驱直入贺兰部。

而拓跋珪却有意拖延时间，坐待后燕灭贺兰部。

援军不至，贺讷别无他法，只好硬着头皮出战，结果被慕容麟在赤城（今内蒙古托克托县东南）打败，自己也做了俘虏。贺染干不敢硬战，投降了燕军。拓跋珪从中斡旋，许了燕大量财物，燕主慕容垂将贺染干囚于燕都而将贺讷放归。自此势力较强的贺兰部力量大减,拓跋珪任命贺悦为贺兰部新的头人,贺兰部成为拓跋珪的一个属部。

拓跋珪再一次借后燕的力量消除了又一个内部威胁。

拓跋珪并吞贺兰部,一下子使魏境扩大了许多,富庶的贺兰部给新生的北魏政权注入了大量的财富。曾经纵横几世,威震塞外草原的贺兰部,因祸起萧墙,被虎视眈眈的拓跋珪设计吞并了。

晋太元十六年、北魏登国六年(公元391年),按照后燕主慕容垂的要求,魏主让其弟弟拓跋觚至燕贡献物资以修好关系。而几年来与拓跋珪共同联合征伐其他部族的后燕赵王慕容麟,逐渐认识到了拓跋珪非同常人。他对燕主慕容垂说,我观察拓跋珪,这个人智谋很深,颇得魏国上下人众拥护。现在他之所以对我们的态度还很谦恭,是因为他的羽毛还未丰满,还没有力量与我们相抗衡,有朝一日他的势力强大了,就一定会像恶狼一样扑向我们,成为我们的大患。现在,他的势力还不够强大,我们应及早准备。不如让他的弟弟拓跋觚来做人质,我们可以挟制他。慕容垂不以为然,认为拓跋珪不过是草原上的一秃鹰而已,只能啄些鸟雀野兔,吞食一些游牧部落,对于强大的燕帝国,是望而生畏的。后经慕容麟反复陈明利害,燕主慕容垂才答应了慕容麟的请求,与帐下谋臣战将们商议后,利用拓跋觚出使到来的机会,扣下觚作人质,让魏贡献良马。拓跋珪拒绝了燕的要求,他暗里派人与觚沟通,让他伺机逃跑。但拓跋觚在逃跑中被燕太子慕容宝捉回,长期扣下,作为人质。

魏与燕至此失和,魏便派兵夺占了归附于燕的塞外诸部。

这年冬,拓跋珪集中力量,消灭尚未依附他的周围的一些游牧部落。首先攻打柔然部。柔然部世代臣服于代,秦王苻坚消灭代以后,柔然部落依附了刘卫辰。拓跋珪即王位后,一鼓作气攻击高车等部落,摧枯拉朽的态势,使塞外诸部十分惊骇,纷纷臣服魏王,但柔然却不事魏,仍然附和刘卫辰与魏作对。拓跋珪派出精兵,进攻柔然部,刚一交战,柔然部众便向大漠深处逃去。

拓跋珪亲自率领大军,追击逃窜的柔然部众,一直追了六百多里,还没有追上。粮食也不多了,诸将都想回去。拓跋珪问他们,假若杀掉副马来凑够三天的食品,能办到吗?众人都说行。当时草原的游牧部落出征,一般一个骑兵要带两匹马,以备不时之用。按照魏王的命令,各部于是杀马为食,并挑选精锐骑兵,加快追击的速度,结果大破柔然,俘虏了柔然部族的大半部分,对于柔然部其余逃走的人众,他派长孙嵩、长孙肥率兵继续追击。他带领其他人择地驻扎下来。

庆功酒筵上,他问部将,你们知道我前几天问你们三日粮食的意义吗?众将回答说,不知道。拓跋珪说,柔然部落带领牲畜财产逃跑,到了有水的地方,必定要停留。我们轻锐的骑兵追赶他们,我计算行程,不超过三天就可以追住他们了。他们带着财物牲畜,必定不敌我们,只要追上去,就可以消灭他们。众将都十分佩服。

不几天,长孙嵩和长孙肥追上了柔然部逃走的其他人,于平望川(今蒙古国境内)击杀其首领之一屋击,于涿邪山(今阿尔泰山东)追降其东部大人匹侯跋,俘获了他们的西部大人组纥提之子以下数百人,并迫使其归降。魏王将他们全部移置到云中,以增加魏境内的人口。

此时的拓跋珪,真像从天而降的秃鹰与金雕般在草原上纵横驰骋。昔日在高车、库莫溪、柔然等部落头人眼中的这个遗腹子,是不值一提的,尤其是在拓跋珪刚即位时,他四处派出使者,与各部修好关系,那种谦卑,那种渺小软弱,令他们好笑且感到一种无忧。但是,没几年的工夫,这个遗腹子忽然翻了脸,率着他的虎狼之师,在草原上到处燃起战火。一块一块的草场被他霸占;一顶一顶的毡篷被他点燃;一群一群的牛羊被他赶走:一车一车的财富被他拉走;一个一个高过车轮的男人被他杀死:一个又一个的女人和孩童被他夺走。他们的生存空间突然间受到了严重地挑战,不得不一步一步地向后退,离开了他们繁衍生息了几代人的地方。

这些曾经不可一世的游牧部落,已经是强弩之末了。面对着迅速崛起的拓跋珪政权,显出了他们的落后,无论从哪一方面来说,都已不是拓跋珪的对手了。

正在拓跋珪全力以赴进兵西北部的一些部落时,刘卫辰乘机再次造乱。391年十一月,他与两个儿子直力鞮与勃勃(亦名屈丐),分兵进攻魏的南部。刘卫辰让小儿子勃勃在南部与魏的地方驻军厮杀,他与直力鞮轻骑突袭魏的都城盛乐。拓跋珪在得到刘卫辰入侵的消息时,将大部分兵力交于拓跋仪等率领,继续剿灭威胁魏的游牧部落,自己则率轻骑五千人火速回盛乐救援。

进攻盛乐的直力鞮有近十万大军,将盛乐围得铁桶般。闻知魏王亲率五千骑兵来救盛乐之危,直力鞮认为活捉魏王的机会到了,他留下一部分军队围盛乐,自己亲率大部分军队摆开战线向魏军扑来。拓跋珪深知以自己五千之众难以与敌数万铁骑正面对阵,他命令部队择地而停,砍伐树木并加以兵车环绕四周,备足了粮草,诱敌到旷野上。直力鞮果然以重兵围住了拓跋珪的兵营,四面攻打,由于人多摆不开,成效不大。这时天气突然间变得寒冷了,大雪纷纷扬扬覆盖了草原,直力鞮军队粮草不济:因天冷冻死冻伤者日益增多,士气低落。拓跋珪抓住这一有利时机,在一个晚上纵兵大击,竟然以五千之众大败了直力鞮,解了盛乐之围。

这次战斗,再次显示出了拓跋珪的军事天赋与过人的胆识。

十二月,拓跋珪率军来到了盐池。在湖边,他没有心思观赏冰封雪盖的盐池冬景,也没有在他出生地停留多久。在人马稍稍休整后,便继续分兵追击刘卫辰及其党羽。

　　刘卫辰父子俩仓皇向西逃走,拓跋珪穷追不舍,在今包头以西渡过黄河。刘卫辰在逃跑途中,被部下杀死,儿子直力鞮被活捉,刘卫辰宗族、党羽五千多人被俘。拓跋珪对刘卫辰恨之入骨,对其宗族大开杀戒。被俘的五千多人被押到黄河边,他下令将这些人全部杀死,尸体抛入黄河。黄河水为之而变红。他又派人将刘卫辰的尸体找到,割下头来示众。刘勃勃逃到了陕北一带,投奔薛干部后改姓赫连,叫赫连勃勃,其后开创了西夏国。

　　铁佛部,这支匈奴人的后裔,一个古老的部落,这个纵横漠北草原上几世的强族,被世代仇敌拓跋部消灭了。当时部落之间的复仇,往往是极其残忍的,是以灭绝种族为代价的。当年,刘卫辰与前秦勾结,大举进攻代,结果什翼健身死,代国灭亡,拓跋珪因之而开始了长达十多年的亡国逃命旅程。现在铁佛部被他打败了,部落首领的宗族们被他俘虏了,摆在当时拓跋珪面前的路只有一条,那便是屠杀、灭族。

　　从公元386年拓跋珪称代王到公元391年五年多的时间,拓跋魏集团并吞了许多部落,掳获名马三十余万匹,牛羊四百万头(只),成为塞外强大的政治与军事集团。

　　公元392年春,拓跋珪为壮大声势,在盐池大会诸部,朝见各部落首领及周围一些国家的贡使。史载,魏王拓跋珪"遂次盐池,飨宴群臣,觐见诸国贡使,北之美水,甲子,宴群臣于水浜。"盐池水是"北之美水"。阳春三月,盐池滩畔,铁骑纵横,彩旗飘扬。各部贡使往来。年轻的拓跋珪风光大现,他祭祀了自己的出生地,检阅了部队。

参合陂,盐池畔,在这儿,诞生了道武帝拓跋珪。但是童年的不幸,使他没有来得及尽情欣赏这美水秀山。居无定所的马背民族,也没有给他留下更多的充裕时间长久居在盐池畔。即王位后,虽然几次到参合陂,驻足盐池湖畔,但是都因战事紧急,没有很好停留下来。现在经过五六年的征伐,年轻的北魏政权已经占据了漠南与漠北草原的大部分,已经成了这块土地上的强者。挟带着胜利的喜悦,年轻的魏王产生了许多的怀旧心情,一头扑进这片水美草旺给了他生命的地方,仔细地审视这块土地。他仿佛看到了赵武灵王在这里胡服骑射,看到了一代名将李牧在这里戍边卫国,看到了匈奴部族呼啸的弯刀与旋风般的马蹄踏碎碧绿的草地,看到了他的先祖洁汾与那个美丽的仙女,看到了他的祖父什翼健,看到了他的母亲带着他在绿草地上奔跑嬉戏……

被亲情与秀美的山水所羁,拓跋珪在这里度过了一个整夏。他纵情游猎,盐池湖的鲜鱼,草地上的肥羊,醇香的美酒,从柔然、铁佛、贺兰、高车等部落掳来的各样美女,拓跋珪与众将士尽情地享乐。这是拓跋珪一生在盐池畔度过的最长时间。

八月,拓跋珪因为薛干部收留刘勃勃不交出来,便大举进攻薛干部,屠城后,回到盛乐。这年秋天,他开始大兴土木,修筑宫室。

第五章 运筹帷幄 决胜参合

拓跋珪建魏以来,对漠南、漠北草原上的游牧部落展开了一系列的吞并战争,弱小的部落一个个臣服拓跋珪,使北魏发生了很大的变化。首先是北魏的疆土面积扩大了,物资充裕了;其次是生活方式改变了,由过去单纯的游牧,逐渐向农牧混交的格局发展;再次是构成人员复杂了,兼容了北方地区许多民族,尤其是大批汉族群众的加入,他们带来了先进的耕作技术,使游牧民族向农耕文明的迈进速度进一步加快。

为了安抚占领地的百姓,登国九年(公元394年)春三月,拓跋珪巡幸各地。在河套地区,他被那里肥沃的土地所吸引,便决定将一部分军队留下来,开垦这里的土地,种植农作物,以济军队所需。但是鲜卑拓跋民族一直是以渔猎与游牧为主,逐水草而居,凭借着快马利刃进行劫掠。划地而耕,筑屋而居,就要改变他们传统的生活方式,不少人(尤其是贵族们)坚决反对。

经过几年的兼并,北魏与后燕、后秦成为中国当时北方地区势力最强的三个国家。后燕慕容垂与后秦姚苌称帝,开创了两个帝国的局面,但拓跋珪却只是称王没有称帝,他降低姿态与两国修善关系。后燕在北魏之东,后秦在北魏之西南,这两个国家在经济上都要比北魏多元化,也比北魏要强大。北魏境内农业还没有发展成一定的规模,所需的粮食布帛大部分要通过边境马市从后燕与后秦换取,这样就造成了北魏对于后燕与后秦的依赖,如果一旦边境有急,关系有变,粮食就难以换回来。

虽然盛乐周边地区开始了农垦,耕种了一些土地。但这些土地上所产的粮食仅够城内宫廷人员与百官家眷及驻军食用。要保证大军粮食,光靠马市交换是行不通的,因为如果大量从后燕和后秦交换粮食,会引起这两国的注意,引来许多的麻烦事,唯一可行的办法是大量开荒种田,自己生产粮食。

拓跋珪以一个政治家的目光,穿越时空,谋划未来。他觉得,鲜卑民族不能永远地像一团蓬蒿那样,随风逐走。常言道,民以食为天,国无粮不稳。没有稳固的粮食来源,就不可能强有力地支撑政权。于是他开始做军事将领以及一些部落大人的思想工作,向他们分析形势陈明利害关系,让有条件的部落大人们组织部落民众开荒,种植粮食作物,保障军队及民众的基本供给。但是游牧民族鲜卑拓跋人,很难一下子转变过来,他们总认为辛苦一年种地所得,不如战争与掠夺来得快。一些部落头人对魏王的垦荒种田令阳奉阴违,另有一些人干脆反对垦荒,认为拓跋珪垦荒会使牛羊失去草场,拓跋珪的垦荒种地令在行动上受到了很大的阻力。

拓跋珪清楚地知道,与后燕、后秦的翻脸是迟早的事,两大强国不允许魏国恣意在草原上翻云覆雨,拓跋珪也不甘心久居塞上,只能当王不能称帝。后燕与后秦是拓跋珪拓展生存与发展空间的两大障碍,灭掉他们是迟早的事,只是现在还没有力量。他现在首要的任务是,如何使魏的经济强大,有更多的粮草物资,保证不在这方面上受制于人。他从大黑河沿岸军垦得到启示,既然各部落不积极开荒种田,那就只好以军事的手段进行,他坚信在刀剑与战马面前,任何力量任何人都会屈服的。

但是,拓跋珪深知,北魏刚立,王权还很不巩固,任何的内乱都会引起外敌的入侵。开荒种田，产粮自给，需要一个过程。他在处理这件事上，再次用试点的办法。他抽组专门人员对大黑河屯垦区和盛乐周边屯垦区进行调查，将这些地方成功经验与存在的问题写成奏折，详细地向他汇报。拓跋珪不但认真地核实汇报上来的情况，而且深入实地，走访垦区群众，对好的做法让其他垦区相互借鉴采纳。河套地区土地肥沃，濒临黄河，水利条件好，拓跋珪下决心要将这里变成北魏的粮仓。他像谋划一次大战一样，挑兵选将，拓跋仪又一次担此重任，成为了负责河套地区垦荒的最高指挥官。拓跋珪授命拓跋仪最大的权力，开垦河套地区。

夏六月，拓跋仪带领军队，开进河套平原。他将部队与民众编队分组，驱赶民众开荒。鲜卑人、汉人、匈奴人及其他民族的大量人众被征调而来，他们在军事力量的干预下，在五原一带开荒屯田。经过几年的努力，原来的黄泛区逐步成为米粮川。接着拓跋珪又派人开垦河套东部地区，这样，河套平原成为了重要的粮食产地，一直到现在该区域仍是我国主要的粮食产区之一。

开垦河套平原，使北魏政权在一定程度上获得了粮草的保障，对于后燕与后秦的依赖有所缓减。当时魏境内还没有炼铁厂，所需铁都要靠从后燕与后秦换取。拓跋珪成立了专门的机构，负责收集铁、铜等金属，运回来后，打造兵器。

拓跋珪在紧锣密鼓地准备粮草与兵器的同时，又开始了大规模的练兵。公元395年春夏间，拓跋珪将精锐部队带到了参合陂。盐池从什翼健开始，就一直是鲜卑拓跋部落理想的练兵场所。有"北之美水"之称的盐池在春光明媚的三四月间，是一年四季中最美的时候，也是最鼓舞人斗志、激励人奋发向上的时候。湖面上的冰融化了，蔚蓝的湖水泛着波纹，闪着粼粼的光。一条一条的河水在冰雪消融的日子里，充溢了河床，哗哗地注入盐池。大片大片的黄色的蒲公英花像一堆一堆的黄色的锦缎一样,在翠绿的草甸上开放;新生的芦苇又从去年干枯的芦苇丛中冒出来,那般的碧绿。数不清的鸟雀在草地上、在榆树头、在山尖上嬉闹;鱼儿跃上了水面,水鸟们像箭一般地扑下去,水面上荡开了一个又一个的圆圈。就在这充满诗情画意的季节,拓跋珪带着他的王族、他的重臣、他的军士们,回到了他出生的地方练兵。

盐池湖面上,战船往来;参合陂的山头沟谷,旌旗猎猎;湖畔草地上,骏马驰骋。当拓跋珪携同母亲来到他的出生地,望着浩浩的湖面,踏着柔柔的芳草,我们很难设想他此时的心情。但是有一点,我们是很清楚的,这时的拓跋珪已经不甘心居于塞外了,他要训练出一支精兵,使其所向无敌,向中原王朝争城夺郭了。

参合陂的土地,诞生了拓跋珪,拓跋珪的一声啼哭,也给这块土地注入了灵性。在这块土地上,拓跋珪出生起事,又在这块土地上练兵强军。这块土地给了拓跋珪生命力量,而决定其命运的一战参合陂大战,又正好发生在这里。是天意乎,是人力乎?

随着北扩战略构想的完成,年轻的北魏政权已经有了一定的经济、军事力量,按照拓跋珪的战略构想,下一步就是向东、向南发展了。横于东进面前的第一道障碍,便是慕容垂的后燕。要想向东拓展势力,必须越过这一道障碍。拓跋珪打算与后燕叫阵,但是后燕无论是军力上,还是财力上都比拓跋珪的魏强大。在向后燕叫阵前,他先进行了一些试探,派其部将与慕容垂驻边的部队发生摩擦,以试探其战斗力。接着又以后燕扣押拓跋觚作人质为借口,向后燕加兵,首先攻占了依附于后燕的许多部落。那些夹在北魏与后燕两大军事集团中间的弱小部落,成为了他们鱼肉的对象。

自从魏立国以来一直保持着和平安稳的燕魏边境,终于燃起了狼烟。

拓跋珪的挑衅,引起了后燕的不满,而北魏的日渐强大,也使后燕统治者们感到了威胁。燕主慕容垂,也算是一代枭雄。晋太元八年(公元383年)五月,前秦与东晋在淝水展开决战,这就是历史上著名的淝水之战。前秦主苻坚调集军队达一百万人,让苻融与慕容垂率步骑二十五万为前锋,水陆并进想一举灭掉东晋,但结果被东晋八万人打败。慕容垂乘机于第二年称帝,建立后燕,定都中山(今河北定县),他先后击败了周围一些割据势力。慕容垂建的燕成为黄河以北地区实力较强的国家之一。

　　无论是阅历上,还是国力强弱上,慕容垂都是很不把拓跋珪放在眼里的。他绝对不能甘心比自己小得多的拓跋珪,一天天给自己造成威胁。393年十一月,慕容垂亲率大军五万余众分三路东出太行山,破台壁、取晋阳、围长子,势若击卵,次年五月,灭掉西燕。慕容垂后方得到了巩固,他已经能够腾出手全力对付拓跋珪了。他决定挟得胜之威,以武力征服北魏。他召集王公大臣们商量对策,多数慕容贵族,对年岁小的魏王、建国晚的拓跋魏政权瞧不起,认为一战可定天下,让拓跋珪俯首称臣。太子慕容宝、范阳王慕容德、赵王慕容麟更是趾高气扬,力主伐魏。他们对遗腹子拓跋珪,一直是以居高临下的态度看待的,他们争先恐后上奏慕容垂,愿意统率军队征伐拓跋珪,将其消灭。

　　晋太元二十年、魏登国十年(公元395年)四月,燕主慕容垂在慕容宝等人的坚持请示下,决心伐魏。因为慕容垂体弱衰老多病,于是派太子慕容宝为统帅,率领了从各处征调的十多万精锐部队进攻魏,想一举使魏臣服。慕容宝与赵王慕容麟等步骑八万多人为前驱,以范阳王慕容德、陈留王慕容绍率步骑一万八千人为后援,择日出兵伐魏。

　　有逸史说,后燕加兵北魏,是因为争夺一个美女,这个女人就是拓跋珪的生母贺氏的妹妹贺兰女。即是史书上通常所说的贺姨母。同一些史料记载一样，说这个贺兰女是当时北方地区的首位美女，让后燕、后秦、敕勒、高车、柔然等许多国家、部落的皇帝、首领们垂涎，屡屡加兵想夺占她，但是最后被拓跋珪收入帐中。虽然如此，敕勒人还为夺该女，曾经夜袭魏王拓跋珪的大营，差点要了魏王的命。强大的后燕主，一生阅女无数，乐此不疲，他不能容忍拓跋珪占有贺兰第一美女，便下书，让拓跋珪交出贺兰女送入后燕宫，否则，就断绝友好往来，以兵加之。

拓跋珪拒绝了，于是发生了这场战争。

其实，这场战争是魏与燕双方利益分配中不可避免的冲突。拓跋珪以摧枯拉朽之势，将漠北草原上的部落一个个击败，年轻的北魏政权迅速崛起壮大，使后燕西北部的边境地段越来越不得安宁，后燕感觉到了前所未有的压力。慕容垂称帝后，势力迅速发展，占领了中原广大地区，又于公元394年灭掉西燕，成为了当时北方地区实力最强的国家。两强相遇，必起一场争斗，至于说是为一个女人而起干戈，是不太能够说通的。

后燕军临出发时，散骑常待高潮上书劝谏慕容垂说，魏与燕世为婚姻，过去我们帮助他们解脱了许多灾难，他们很感激我们。我们与魏结好已久，两国的民众和平相处，这种友好的关系不应该破坏。现在，我们要求魏贡马没得到，又扣押了魏主的弟弟，理亏的是我们。以魏拒绝贡马作为出兵伐魏的理由，向天下人宣布，是很难取得支持的。尚且拓跋珪历经艰难，饱尝世故，这个遗腹子很有智谋，他的周围又聚集了许多能征善战的勇士，拓跋仪、长孙肥等勇冠三军；燕凤、许谦、张衮等智谋超群；士兵们夹带着征伐高车、柔然等部落胜利的气势。可以说魏现在是兵精气盛。而太子年少自恃，心里看不起拓跋珪，让他带兵伐魏，万一有失，会大损国威，望陛下慎重行事。

高潮的言辞十分激烈，老昏颠倒的慕容垂对他的强硬态度极其愤怒，不但不听劝，反而罢免了高潮的官职。

拓跋珪面对来犯之敌，却显得很沉稳。因为他早就知道，燕军统领这次行动的主帅是太子慕容宝，这个人"少而轻果，无志操，喜人佞己"。他以小恩小惠贿赂慕容垂身边的人，博得了慕容垂的喜好被立为太子。其人工谈论善属文，实际上没有经邦治国的本事。他的继母段氏就曾经对慕容垂讲过，太子的资质虽雍容华贵，可是柔弱有余而刚猛不足，遇事不能够明断，在太平时候能够成仁明之主，乱世的时候可不是济世救国的雄才。一旦有重大战事托付于他，他能够承担起来吗？但是慕容垂被慕容宝的表面现象所蒙蔽，置段氏的话不顾，加之被慕容宝收买的那些人，经常替慕容宝在慕容垂面前说好话，慕容宝终于被确立为燕帝的接班人。就这样的人统领军队来犯，拓跋珪觉得打败燕军是很有希望的。

拓跋珪召集谋臣将帅们商议对敌之策，不少将领对强大的后燕，心存畏惧。拓跋珪举出了刚发生的前秦与东晋在淝水交战的事例，启发众将，弱小的一方，只要谋划正确，是可以战胜强大一方的。他让将领们广泛献策献计，甚至于普通的兵士也可以陈述自己好的想法。

拓跋珪的长史张衮说，燕王满足于滑台和长子两次战争的胜利（指慕容垂灭西燕的两场战争），倾全国的精锐部队向我进攻，必然有轻视我们的心理。他们举国上下从燕主到普通兵士，认为我们是其晚辈，是弱小的，与燕比不可同日而语，是不堪一击的。轻敌失败，自古之理。这正是我们战胜燕军的绝好时机。除了这一有利条件外，我们还有战胜敌人的其他条件：一是我们的魏王计谋超人，刚果善断，而燕太子慕容宝外聪内浊。率军打仗，临阵应变，我们魏王要超出燕太子几十倍;二是时令将近寒冬,燕赵之人涉远地入我境,不适水土,粮草难济,战斗力会大大下降;三是我们的士兵,经过漠北草原上的征战,战斗力已经大大提高。有这几个方面的因素,我们一定能够打败燕军。如果燕军被打败,我们的魏王就会摆脱掉长久以来缚在手脚上的燕国这一镣铐,在北方大地上纵横驰骋,而且能够问鼎中原了。

拓跋珪听从了他的建议,将其部落和畜户全部迁到黄河以西一千多里的地方,以避燕军锋芒。

燕军统帅慕容宝,率领着马步精兵组成的近十万大军,气势汹汹扑向漠南草原。他威风凛凛地骑马走在中军,马后的大篷帐车上,载着他的妻妾及乐工侍女。他第一次以主帅身份出征,后燕几个王爷也归他指挥,他的虚荣心得到了极大地满足。他要通过这次战争,显耀他太子的威风与才干,为他顺利登上皇帝位开好头,奠好基,尤其是给那些说自己这不行那不行的人一记响亮的耳光。他命令慕容麟率军为前驱,加快行军速度,务要速战速决。但是行军十多天,也没见魏军一兵一卒,就连魏之都城盛乐,城内也空无一人,空旷的草原上不见一只牛羊,只有一群群的鸟雀咶噪着从慕容宝的头顶掠过。

有力无处使的慕容宝烦躁异常。当得知拓跋珪向黄河以西逃窜时,他又十分欣慰,这个在草原上令人称道不休所谓的英雄,今天被我吓破了胆,西窜黄河了。他号令全军向西追击拓跋珪,务必要将这个猎物擒获。

燕军推进到五原(今呼和浩特西北),降魏部落三万余家,得粮百万余斛放置于黑城(呼和浩特西)。然后率兵逼近黄河,采伐树木造船,想渡过黄河追击魏军。经过十多天,造成千余艘船。慕容宝将各路军重新编组,分发船只准备强渡黄河。

八月,拓跋珪带领军队到了黄河南岸,九月,逼近河边。拓跋珪听说燕兵造船渡河,便将军队沿河摆开,严防敌军渡河。燕军渡河时,突然刮起大风来,将船队刮乱。有几十只船竟然被风刮向对岸,北魏军将燕船俘获,三百多燕军甲士成为魏军的俘虏。

　　拓跋珪亲自召见了这些俘虏,对他们说,你们的燕主慕容垂已经病死,你们太子为什么不早早回去图谋帝位,渡河到这里干什么呢。然后,他详细地询问了燕军的情况,让这些燕军饱餐后全部予以放回。燕兵回去后,将魏王的话告诉了太子宝,慕容宝十分惊疑。

　　其实,燕太子慕容宝率军攻魏,兵至五原后与燕主慕容垂的消息就断绝了。原因是拓跋珪派出了精兵绕到了燕营后面,凡是燕军与朝廷的信使全被魏军截获,拓跋珪不但有效地切断了燕军的通信联络渠道,而且掌握了燕军所有情况。

　　拓跋珪对慕容宝的情况了如指掌,然而燕军统帅慕容宝,不但对敌方情况不了解,对自家朝廷的情况也数月不明。信使不到,慕容宝真疑心朝廷有变故。这时拓跋珪又将俘虏放回,并且让他们造谣言使燕军惊慌。慕容宝被扰了,举止无措,与其他一些将领们猜测中山情况,将领们各持一说,意见不统一。士卒们私下议论纷纷,燕军开始出现了混乱的局面。

　　面对敌方出现的混乱情况,拓跋珪又使出一计。他把捕获的另外一些燕军信使,招到大帐,好言相慰,并给予厚赏,让他们到燕军阵前喊话,就说燕主慕容垂已经于几个月前死去了,留在中山的一些皇族们,想扶助别人登基,作为太子的慕容宝,应该赶回去继大统,长久在外,朝廷将变,太子将无安身之地。

　　燕信使的话,极大地扰乱了慕容宝的思路,他让军队停了下来,又派出了大批的人回国,想法打听中山的情况。这样,双方都不敢轻易进兵,两军隔河对峙。

从九月燕军渡河受挫以后,双方一直没有大的军事行动。慕容宝整日在行帐里饮酒解愁,横在面前的滔滔黄河成为了他无法逾越的障碍,而一贯瞧他不起、不愿受他节制的慕容麟等索性纵情游猎。慕容宝屡次约束他们,但这些人置若罔闻,慕容宝拿他们也没有办法,自己也只能与妻妾乐工在大帐中醉生梦死了。

主帅垂头丧气,严重地影响了军中士气。慕容绍给慕容宝献计说,我们目前进军途中最大的障碍是黄河,可是现在已是晚秋了,再过几个月就要进入寒冬了,那时黄河冰封,我们的大军就可以长驱直入了,到时候,以我们燕军十万之众,必能荡平拓跋珪。太子一定要振奋精神,以主帅的必胜气势感染众人,方能不辱朝廷使命。慕容宝听后,又鼓起了勇气。

他一方面仍旧做着渡河进攻的准备,另一方面再次派人回去打听中山城内朝廷的消息。

随着形势的变化,拓跋珪进一步完善他的作战计划,他让陈留公拓跋虔率一部分军队驻扎在河东,东平公拓跋仪率一部分军队驻扎在河北,略阳公拓跋遵率军绕到河的南岸,堵截燕军归路,他自己率军正面与燕军对峙,务要消灭这股入侵之敌。

燕军统帅太子宝,心乱无绪,因为他出征离都城时父亲慕容垂正生着病,几个月来,又不见朝廷一点消息,心中怀疑父皇真的死了,记挂着朝廷内的事。派出去的探马,一个也没有回来,使慕容宝急得像热锅上的蚂蚁。随军术士靳安对慕容宝说,我观察天象,对我们十分不利。我们与魏战,必定要失败,应迅速地撤离。但是慕容宝对于拓跋珪从心里是小看的,认为一战可胜,而且希望通过战争的胜利,提高他在后燕的威望,为他顺利登上帝位奠定基础。因而他没有采纳靳安的建议,并将靳安斥退。靳安退出大帐后,对身边的人说,我们都会弃尸荒野,不能够回家了。

慕容麟一直认为慕容宝没有当太子之才,他手下将领慕舆嵩等也一直伺机让慕容麟夺取太子之位,以正大统。慕容垂死的谣言传来后,这些人认为机会来临了,密谋想杀死太子宝,奉慕容麟为主,事情泄露后,被慕容宝诛杀。虽然慕容麟反复解释说此事与己无关,并积极参与平乱,但是由于平时慕容麟一贯瞧不起他,慕容宝心中已经留下了阴影。至此,将帅不和。

内外交困,燕军已经失去了初出兵时的盛气。

这时,又有人向慕容宝献言,现在我们深入魏境数千里,天气又逐渐变冷了,我们的士兵与魏军在寒冷的冬日作战是没有优势可言的,现在我们中间隔着黄河,谁也打不着谁,有朝一日黄河冰封,拓跋珪便可以轻而易举地踏着冰河杀过来,到那时,我们想走也来不及了。应趁黄河还没结冰,魏兵打不过来的时机,赶快撤军回我们燕地,等到明年再进兵也不迟。慕容宝犹豫不决。

魏王的行帐内,拓跋珪召集群臣说,燕军长驱直入我境已经六个多月了,我们诱敌深入,坚壁清野,已经消耗了燕军大量的精力。燕军之所以不撤,是等待黄河冰封踏冰而过攻打我们。但是黄河冰封,那要十分寒冷的天气,燕人来时没有准备过冬的物资,寒冷的天气,必定会大大削弱他们的战斗力,这正是我们破敌的最好时机。近十万燕军加上战马,待天气一冷,粮草也成了他们的大问题,我在两月前已经派人马偷渡过了黄河,绕到燕军背后,专门截杀燕军粮草车队,此时燕军的粮草供应已经很紧缺了,你们要准备御寒之物,时机一到,便可破敌。

滔滔黄河,奔流向东,对两岸剑拔弩张的敌对双方,视而不见,也许是她承载了过多的腥风血雨,任凭怎样喊杀,仍旧滚滚向前不复回首。慕容宝站在河岸上,看着毫无表情的黄河,急得团团转。

黄河不因天气冷而一下子就冻,可是他的士兵却已经苦不堪言了。军中粮食已经断了十多天了,士兵们只好杀马充饥,每下一场雪,降一次温,就会夺去许多士兵的性命。

慕容宝再次召集军中将领及谋臣们开会商讨去向,多数人主张撤军。范阳王慕容德,随军术士靳安,和尚支昙猛等力主迅速撤军,迟则生变。在内外交困的窘迫环境中,慕容宝决定撤军。

十月二十五日,慕容宝下令烧毁船只,趁着夜色掩护,迅速撤退。当时河水尚未结冰,他认为魏军必难渡河,没有设防。燕军一撤,拓跋珪便得到了消息,他命令各部作好出击准备。但黄河没有封冻,挡住了魏军,渡河船只又很少,拓跋珪十分着急。一直到了十一月初三,天气骤然变得十分寒冷,河面冻结。拓跋珪留下辎重,率轻锐骑兵两万人昼夜兼行,急追燕军。

因为风大,加之统军不力,燕军行军速度很慢,在参合陂东驻扎下来。接着遭到了特大的沙尘暴袭击,"黑气如堤、自军后来,覆盖了燕军上空"(《资治通鉴》)。随军的和尚支昙猛向慕容宝建议,"风气暴迅,魏兵将至,宜遣兵御之。"幕容宝认为拓跋珪军队还离得很远,不以为然,轻蔑地看着支昙猛笑。支昙猛仍然强谏。旁边的慕容麟怒叱他,说,以太子的神武,大军之盛众,足以横行沙漠,晚辈小子拓跋珪如何敢来;即使来也是送死无疑。你胡乱妄言,扰乱军心,按律当斩。刚直的支昙猛哭泣说,苻坚以百万之师,结果在淝水被东晋八万人打败。恃勇轻敌,败于理中。现在天象也发出了告诫,让我们作好御敌准备,我死不足惜,可惜许多将士的性命啊。刚愎自用的慕容麟见支昙猛这样顶撞他,便拔剑想杀支昙猛,被慕容宝制止。范阳王慕容德从旁帮支昙猛劝说慕容宝,宁可预防,勿贻后悔。慕容宝才派慕容麟率三万骑作为后军,以防不测。

但是慕容麟虽依令断后,却没有很好布防,纵骑游猎,将战争视同儿戏。

　　到了初九黄昏,魏军已到参合陂西。这时沙尘暴猛增,日月无光,随军术士靳安提醒说,天气不对,应提防敌军偷袭。慕容宝虽然派出了侦察敌情的骑兵,但他们只走了十多里便解鞍睡觉去了。

　　与后燕军的麻痹大意相反,这时的拓跋珪却亲率两万轻骑,士兵衔枚,束住马口,并以布帛缠住马蹄,猛烈的沙尘暴也帮了魏军的忙,拓跋珪率军趁夜悄无声息地接近了燕军,而燕军却全然不知。

　　拓跋珪站立在山上,看着燕军营内的灯火,下令喂好战马,士卒饱餐战饭,待天一亮,与敌决战。临明时分,拓跋珪命令士兵高张旗帜,严阵陈列于山坡上,先以气势压倒敌军,使其心悚。果然,燕军看到后,十分惊骇,大乱,已失去了战斗的勇气。接着,鼓角震天动地。魏兵从山上冲下来,如同泰山压顶一般。燕军仓促抵抗几下后,便各思逃生。由于平时慕容宝治军无方,对将士不善抚育,对军纪没有约束,因而部卒大乱。拓跋珪纵兵大击,燕军急不择路,涌向涧中乱走。涧中虽然结有坚冰,但燕军人马一齐拥上来,多被滑倒,有的踏破冰跌到了河中。燕军溺死于河涧中和相互践踏而死的有一万多人。

　　燕军溃退着逃命,但没多远,便又返了回来,原来是拓跋遵又率军拦截归路,使燕军走投无路。他们纷纷踏上光滑的盐池湖面。但是盐池还没有封冻结实,大量的人马上去,踩破了冰面,许多人马陷了下去。剩下的几万人痛恨慕容宝不听良言以致陷入绝境,索性弃戈抛甲投降魏军,只有几千人保着太子宝及赵王麟、范阳王德逃脱。燕陈留王慕容绍被杀,鲁阳王倭奴、桂阴王道成、济阴公尹国等王公大臣和几百文武将官以及慕容宝的宠妻侍女被俘。战场上到处是抛弃的物资及燕军尸体。拓跋珪以两万人大胜后燕八万多军队，欢庆胜利的呼声震动参合陂。

战争胜利了，大量的物资充入了军中。对于五六万燕军俘虏，拓跋珪命拓跋仪、王建等人将他们押到参合陂的山边。他在俘虏中选择有才能的代郡太守广川贾闰，贾闰的从弟、骠骑长史、昌黎太守贾彝，太史郎辽东晁崇等有才能的人留下，对其余俘虏打算全部发给衣服和粮食，让他们回去，从而招附燕地人士。

但是以冠军将军王建为首的人，认为燕军恃强入侵，现在我们胜利了，俘获很多，应该全部将他们诛杀，免留后患。为什么还要放回去增强敌人的势力呢？拓跋珪说，我们此番征战，是吊民伐罪。我们的最终目的是全部占领燕赵之地，如果诛杀了降卒，恐怕燕赵地区的人众从此仇恨我们，不愿接受我们的统领。而且，大量地杀降卒，有悖人情常理，这也是不人道的事。可王建却发动了其他的将领一同向拓跋珪施压。拓跋珪反复陈述利害关系，但是以掠夺为乐、以杀戮为荣的鲜卑贵族们，并没有拓跋珪的高瞻远瞩，坚持要杀降卒。当时，拓跋珪政权还是部大人议事制，拓跋珪的权力还不是独断的，受到众大人的制约。因而拓跋珪没有办法说服他们，只好下令诛杀俘虏。

这次战役，一次坑杀四五万敌方俘虏，在中国古代有文字的杀俘记载中是名列前茅的。战国时期秦赵长平之战，秦将白起一次坑杀赵卒四十万，是列第一的；楚霸王项羽与秦战，一次坑杀秦国降卒二十万；唐朝时薛仁贵西征铁勒部军队，一次坑杀十三万降卒。拓跋珪一次坑杀燕军四五万人，也是只比前三例少的一次。

后燕在参合陂大战中被俘的几万名俘虏，全部被坑杀。这种血腥的杀戮，是拓跋珪不愿看到的，但他更不愿看到由此而带来的后果。但是这种恶果，在中山战役中表现了出来，后燕军因害怕落得参合陂降卒的下场,拼死与魏军作战,使拓跋珪付出了沉重的代价。

对于这件事,后世褒贬不一。按当时情况来说,王建等人力求坑杀燕军俘虏也有一定道理。除了满足这个民族以杀戮为乐的心态外,更主要的是这些降卒是燕军的主力,杀之,可以大大削弱燕军的战斗力,为今后战争减少阻力,因为当时燕赵之地政权更换频繁,造成了该地区的民众反复无常,即使对其再好,也难以笼络其心。

王建之所以能够力阻拓跋珪的意思坑杀降卒,是与此人当时的地位分不开的。王建的祖姑是平文皇帝郁律的皇后,就是她生了昭成帝什翼健,这个王氏将什翼健藏在套裤中逃得一难,并历尽千辛万苦将什翼健抚养大。登国初年,王建与和跋等十三人成为了拓跋珪政权的中心人物,是拓跋珪的外朝大人。他曾奉命出使后燕,辞色高亢,慕容垂被他的雄壮气势所感染,愿与魏修善关系。在当时拓跋珪政权还处于部落联盟众大人议事的情况下,王建纠集其他部落大人向拓跋珪施压,是具有很大分量的。

但是,无论如何杀降卒是不人道的,尤其是成规模地屠杀。王建之流不可能有拓跋珪的宏图大略,杀降卒用战略眼光来说永远是弊大于利的。因而,毛泽东评价王建时用了八个字,"王建庸人,不知政治"。

参合陂之战是中国历史上以少胜多,以弱胜强的又一典型战例。拓跋珪在这次战役中,显示了他卓越的军事才能。在战前他明断敌我态势,采取示弱远避,诱敌深入,劳时疲敌,后发制人的策略;在作战中,他采用心理战,攻心乱敌,制造矛盾,瓦解敌人,而在出现战机时,他果断率军出击,以少数兵力,轻装前进,勇猛追杀,终获全胜。其卓越的胆识与精湛的指挥艺术,使这次大战,成为中国古代战争史上以少胜多、以弱胜强的经典战例。拓跋珪通过这次战役成为北方地区最强大的政治、军事集团,为他问鼎中原打下了基础。后燕的有生力量被消灭,使魏燕双方强弱发生了互转。北方的统一、南北朝对立的形势,在这一战后,基本形成了。

败退回中山的慕容宝,哭泣着向父亲陈述了战败的经过。慕容垂听了以后,十分震惊。多年来,他一直扶持帮助的遗腹子拓跋珪,狠狠地咬了他一口,不少人的担忧,终于变成了现实。四五万燕军被坑杀了,这是燕的主力部队,是慕容垂掌国的基石。出兵伐魏时,慕容垂派出了精锐部队,是想一战而使魏臣服,为太子慕容宝顺利登基打下基础。但是最终的结果出乎他的意料,现在精锐尽失,举国悲丧,阵亡将士家人的号哭声充塞街巷,太子的颜面扫地,本已衰老的慕容垂遭此打击大病一场。

过了一个多月,慕容垂的病情有所好转,他召集王公大臣们商讨对魏之事。慕容宝请求再次伐魏以雪前仇,慕容德、慕容麟也上奏说,魏因为参合陂的胜利,产生了轻视太子的想法,这对我们燕国今后的发展是极为不利的。陛下威震天下,声望智谋远在拓跋珪之上,拓跋珪是你晚辈,一向敬畏陛下的英名,以陛下的神武,一定会使拓跋珪臣服归顺。这样陛下的之后,燕也能够长久立国,使宗庙的香火永继。如果我们放纵拓跋珪,任凭他胡乱作为,这终究是我们的心腹大患。

戎马一生的慕容垂,对形势的分析远要比慕容麟等人深远。他感觉到了前所未有的危机,甚至于看到了他的慕容子孙们一个个被拓跋珪消灭掉的悲惨情景。他要趁他还有一口气在,率燕赵之士,将拓跋珪消灭或者赶到草原深处。

他决定亲率部众,再次伐魏,以雪参合陂战败之耻。

公元396年三月,燕帝慕容垂率领大军秘密出发,经青岭(今河北易县西)、天门(今河北涞源南),凿开山道,到了猎岭今山西南句注山北麓)。慕容垂不愧为善用兵者,一路上诡诈行军,北魏一直没有得到燕军出动的消息。他任高阳王慕容隆为前锋,突袭平城(今山西大同市)。

魏陈留公拓跋虔驻守平城,因为参合陂之战刚胜燕而认为燕军不可能到,产生了轻敌思想,没有很好准备,而且他也一直没有得到燕军入侵的消息。等到三月十二日慕容隆的精兵到了城下,才仓皇率军出战,而且总认为燕军刚败于参合陂,精锐尽损,余部不堪一击。但是龙城兵甚是骁勇,呐喊着争相向魏军杀来,拓跋虔阻拦不住,方知燕军厉害,想退回城中,但是退路已被截断,最后被慕容隆杀死。平城被燕占领,燕收降魏兵三万多人,接着继续向北进军。

拓跋虔的战败身死,是其个人的悲剧,这个人年轻时便以勇猛雄壮而在拓跋部出名。登国初,赐爵陈留公,他武力绝伦,持大槊,横冲直撞,众不能敌,曾经一手将槊插在地里,几个人拔不出来。以槊挑人,凌空舞动,转动数圈而气不喘息。但是他恃强而狂,勇而轻敌,终于因之败亡。

慕容垂领军到了参合陂,历经一年的战场尸骨满目。燕军士兵目睹惨状,号哭声震动山岳。七十一岁的燕帝慕容垂祭祀阵亡将士,悲愤交加,呕血晕于军中,不能北进,在平城休养了十多日,率军向中山退走。

拓跋虔战死、平城失守的消息传到盛乐,魏上下十分震惊。拓跋珪本想出兵收复,但是魏境一些部落听到拓跋部出名的勇士被杀的消息后,对敌人产生了畏惧的心理,尤其是名动天下的慕容垂亲自统大军前来,他们感觉到魏大难来临,有了背叛拓跋珪的意思。拓跋珪于是率部众退到阴山。

四月,慕容垂死于沮阳(今河北怀来)。慕容垂以高龄垂暮之年率军出征,结果死于征途上,是很有悲壮色彩的。以他丰富的人生经验,他感觉到他的慕容家族中没有一人是拓跋珪的对手,他想在有生之年奋起英武之气,将拓跋珪消灭,给他的儿孙们创造一个相对平安的局面,但壮志难酬,年岁难饶,带着许多的遗憾与对未来的不安闭上了双眼。太子慕容宝途中密载垂尸不敢发丧,回到中山后才发布燕主之死讯。燕再一次被悲哀笼罩。

慕容垂创立了后燕,在位十三年。他临死时,对慕容宝说,北魏强寇迫在眼前,要加强戒备。归途中不能让外人知道我的死讯,待回到中山后再向外发布消息,丧事要从简。太子宝一一听从。

安葬慕容垂后,太子慕容宝登基,大赦天下,改元永康。谥慕容垂为成武皇帝,加封有功大臣及皇族们。让范阳王慕容德镇守邺,辽西王慕容农守晋阳。赵王慕容麟领尚书左仆射,高阳王慕容隆领右仆射。慕容宝以出身门第高下对待士人,废掉了慕容垂时凭借军功而受封者的待遇。由是士民嗟怨,皆有离心,"百姓思乱者,十室而九焉"(《晋书》)。

慕容宝继位后既没有其父的智勇谋略,又大失众望。王公贵族各怀异志,朝堂之上派系争执,燕朝野上下日益离心。

此时的魏都盛乐,沉浸在一派欢腾的海洋中。为了躲避后燕军进攻而转移到草原深处的人们,陆续地赶着牛羊回到了故地。响应魏王的号召,几乎是以一年的躲避,换回了现在的胜利。他们感谢上苍赐给了他们一个伟大的魏王,率领着他们取得一个又一个的胜利,使他们的财富一天天增多。这回又战胜了强大的后燕精兵,使天下人谈之色变的慕容垂死于征途,这是鲜卑拓跋部自从进入松漠大草原以来从未有过的扬眉吐气。

春末夏初的松漠草原,又迎来了一年四季中最为明媚的时光。杨柳吐出了嫩绿的枝芽,绵绵阴山上的冰雪消融了,滋润了山坡沟谷的草地,枯黄的草地又泛起了绿意。小鸟们经过整冬的龟缩,又快捷地抖开双翅尽情地在草地上飞掠,雄猛的苍鹰立在高高的山尖上眺望着茫茫的大地。盛乐城外,人们建起了绵延十几里的帐篷,尽情欢呼。魏王行宫前搭建了高高的木台,魏王站在台上,举着酒碗与臣民们共庆。

挟带着胜利的雄风,拓跋珪决定全面向后燕加兵。雄才大略的道武帝,是不会偏安一方的,他不会放过任何一个对他有利的时机,也不会让他的铁骑停下征讨的步伐。

魏登国十一年(公元 396 年)六月,拓跋珪开始了进军燕都中山的准备工作。首先命王建等人率军进攻后燕广宁(今河北涿鹿),广宁太守刘亢泥率军出战,被魏军斩首。魏王将其部众迁往平城。燕上谷(今北京西北)太守开封公慕容详弃城逃走,燕西北部边境地段被魏占领。

拓跋珪在魏燕边境首选广宁,是有其用意的。广宁太守刘亢泥是拓跋珪的姑父,在拓跋珪当年逃亡到刘库仁处,刘显多次想谋害贺氏母子时,刘亢泥多次在危难中帮助贺氏,因而刘亢泥对拓跋珪是有救命之恩的。后刘亢泥率部投燕,燕帝任刘亢泥为广宁太守。但是就这样的关系,拓跋珪仍然将其打败并斩首,这给后燕朝野上下以及北魏内部造成了不小的震慑,使各方面的人都知道,魏王伐燕决心是多么的坚定。

到了七月,右司马许谦上书劝拓跋珪称尊号,于是他开始建天子旌旗,重新改年号,将登国十一年,改成为皇始元年。拓跋珪修筑宫室,封赐有功人员,派遣官吏考核百官,完善各项规章制度。拓跋珪的统治集团在由氏族部落联盟向封建制国家转化的道路上又迈出了一步。

第六章　分疆裂土　问鼎中原

参合陂之战,拓跋珪凭借着惊人的胆识与杰出的军事才能,以少胜多,大败后燕精兵,使长期以来一直受制于慕容燕的拓跋魏扬眉吐气,年轻的北魏政权掀开了崭新的一页。但是拓跋珪并非是想久居于塞外草原,繁华富庶的中原地区,强烈地吸引着他,他一定要问鼎中原扩大势力。然而要向南、向东发展,必须越过后燕这一道屏障,灭燕成为拓跋珪当时的主要战略构想。

慕容垂之死,使后燕失去了一个有凝聚力的皇帝。慕容宝继位,朝中大臣各立一派,慕容垂的子孙们都想夺取皇位,他们相互倾轧,对新主慕容宝的号令阳奉阴违,一些拥兵占地的王爷们,甚至于抵触慕容宝的旨意。面对复杂的局面,新燕主甚感艰难,雄霸北方的后燕帝国,伴随着慕容垂的去世,像一个火热的太阳降到西山一样,其光辉已经大打折扣了。潜伏在中山的北魏间谍将这些情况陆续地反馈到了拓跋珪那里。

面对后燕朝廷的混乱,拓跋珪像一个捕食的猛虎发现了猎物般,感觉到了前所未有的兴奋,他下决心向后燕叫阵。拓跋珪召集群臣,议论征伐后燕的事。但是多数人认为,燕世与魏互通姻亲,魏立国以来,每逢有难,燕必定要出手相援,没有慕容氏的燕,就不会有我们魏的今天。参合陂一战,我们坑其降卒而又使其主忧亡故,我们对有恩于我们的燕国,已经做得很过头了。现在燕故主刚丧,新主刚立,如果我们乘人家丧期攻打人家,这是很不仁道的,如果让天下人知道,会群起指责,魏的名誉会损失殆尽,这是治国明君所不取的。

然而,以参军张恂等为首的一些人,向魏主上奏说,现在燕丧故主,新主刚立,国内矛盾很多。拥兵大臣们各有私心,君臣间相互争斗,朝野上下离心离德;参合陂一战,燕基本丧失其精锐,现在燕军畏我心里严重,闻而丧胆,战斗力下降。而我方现在国库充裕,兵马强壮,正可以一鼓作气消灭慕容燕,不能坐待敌人养好伤后重新攻打我们。这是上天赐给我们的良机,不可失去。一些人所谓的仁慈,那是妇人之仁,以妇人之仁去经纬天下,如何征够成就霸业呢? 临机不断,会坐失良机,即使是一个布衣平民也不会放过大好的机遇,更何况您是雄才大略欲霸天下的魏主呢?

拓跋珪当即就采纳了张恂等人的意见。

晋太元二十一年、魏皇始元年(公元 396 年)八月,拓跋珪在盛乐东郊检阅部队,誓师南征。他让拓跋仪、拓跋遵、王建等随军出征,拓跋顺留守云中。拓跋珪深知此战不同于以往与高车、柔然等部落的战争,临行前,他号令三军,严明纪律。要求各部进入"南人所居地,应以怀柔为主",反复要求部下"切勿滥杀无辜,切勿掠夺扰民"。对于豪强大族及有威望影响的地方势力,要设法加以笼络,广树威信,使敌人如羔羊望母,归附我大魏。

接着,拓跋珪择日起兵。各部落的头人、首领及大人们,从各自的毡房出来,带着他们的部落勇士们,高高兴兴地向盛乐集结。战争对于他们来说,就意味着大量的财富进入自己的部落,女人进入自己的毡房,奴隶进入自己的灶下,牛羊进入自己的草场,良马进入自己的棚圈。只有不间断地进行战争,才能使财富源源不断地来。鲜卑勇士们离了战争,那就失去了生存的意义。

拓跋珪更是志满意得。几年来,通过一场又一场的战争,国土面积增大了,人员增多了,财富增加了。昔日弱小的代,已经发展成为雄踞塞上的魏。战争为他培养造就了一批如虎狼一样的魏国勇士,使他们在漠南、漠北草原上噬断了一个又一个敌人的脖颈。今天他要带着这群虎狼之师走出草原向中原大地进军了,他的鼻子似乎已经嗅到了后燕中山的味道。

随军的巫师择日祭祀,拓跋珪与众将祭拜苍天。号角齐鸣,响彻云霄,草原上的牛羊狐兔们都竖起了双耳,恭穆地听魏军的号角。秋阳高照,晴空万里。铠甲鲜明的北魏精兵,趄趄地跨上了膘肥体壮的战马。誓师时举起的兵刃,映着阳光,如同闪电般照着大地。热血男儿的慷慨赴敌,使脚下的这块土地也激动地颤了起来。

拓跋珪集步骑四十万众,浩浩荡荡从盛乐起兵。他让拓跋仪作先锋,让他沿途广插旌旗,以壮魏军声势,各色旗帜绵延达两千余里。中军及各主要将领营中,置大鼓,在行军途中,擂鼓前进,"鼓行而前,民室皆震"。

拓跋珪军队南出马邑(今山西朔州),他让将军李栗率军五万为前驱,又让将军封真等率军从东路出发袭幽州(今北京市)。到了九月份,魏军到了阳曲,驻军于阳曲西面的山上。拓跋珪站在山上,看着山下的晋阳(今太原西南)。他没有令军强攻晋阳,而是让魏军铁骑环绕晋阳,大声鼓噪,腾起的尘土笼罩了晋阳,敦促守军投降的呼喊声响彻云霄。守晋阳的慕容农硬着头皮出城与魏兵战,刚一见面,燕军便抛甲弃戈而逃,慕容农不敢回晋阳,只剩下随从三人骑马逃回中山,晋阳城池被魏占领,慕容农妻儿及部下文武全部被俘。魏军刚一出师,便连续攻克晋阳、并州。

这时的北魏,上至魏主下到一般兵士,都被眼前顺利的进军形势所感染,认为参合陂一战,后燕的精锐部队已经被消灭,后燕已经不可能再组织有效地抵抗。八月出兵到十月,仅两个月间,便攻下了后燕许多城镇,大量的土地被占领,许多城镇不战而克,一些燕军望风而逃,到年底灭燕不成问题。拓跋珪不仅考虑灭燕,而且还考虑并吞燕后,如何有效地统治该区域。他与谋臣张衮、张恂、许谦等商计如何有效地巩固新占地方,这些出身于汉族地主阶级的谋士们为拓跋珪出了不少计谋,他们建议拓跋珪学习儒家治国之策,施行仁政,打击盗匪,重用文官,以地方的名士与豪门大族来稳定所占地区的局面。

由于魏初入中原,拓跋珪十分重视与中原地区各方面人士修好关系。他重新对公侯、将军、刺史、太守等进行考核,按功升降。尚书郎以下的官大都由文人担任。拓跋珪虚心对待各方人士,诸士大夫"谐军门者,无少长,皆引入赐见",即使有一点才能的人也要任用。广泛笼络人心,一定程度上减少了燕地方官吏、军士的抵抗,因而出兵初期,进展顺利,迅速占领了后燕广大地方。对于占领区域,他派置官吏,"招抚离散,劝课农桑",努力使地方百姓安定生产生活。对那些诚心诚意归附的后燕官吏,他仍然让其位居原职,统辖原地。

慕容宝闻北魏大军至,召集群臣商议对敌之策。一些人认为,魏军兵强马壮,不远千里来战,如果放入国内,一旦进入平原地区,就不可能战胜了,应该凭借险隘地段,阻敌前进;而又有人认为,魏军远来,人马众多,粮草难济,应聚民千家为一堡,深沟高垒,坚壁清野,困敌使其退;但马上又有有人反对,聚民为堡,收集物资,把零散的粮草聚在一块儿,魏军一至,城堡不支,这是等于给敌军收集粮草,而且这样做也使民心动摇,此计切不可行。面对群臣们的争吵,慕容宝举棋不定。军情日迫,无退敌良策,后燕朝廷一筹莫展。

慕容麟献计说，魏军自从参合陂战胜我们之后，军威大振，士兵们鼓足了勇气，要与我们作战；而我军却与敌方相反，士气低落，畏敌之心严重。此次拓跋珪率军四十多万侵入我界，意在一举灭我燕国。现在我们大片的土地沦陷，众多城池落入敌手，如果我们举全国之力与魏战，一旦再有参合之败，燕亡必焉。我们应该修理中山城防，聚集粮草，收拢军兵。拓跋珪必定来攻中山，他们涉远地，粮草不济，意在速战，如果长久围中山不克，必然会疲惫懈怠，那时我们再寻找机会，尚可取胜退敌。现在强寇入境，如果再三不决，疑则生乱，国事将不堪收拾。

虽然慕容宝与慕容麟一贯不和，慕容宝一直压制着慕容麟，但是慕容宝在面对亡国之灾、而自己又胸无良策的窘迫情况下，只有求助慕容麟了，而且慕容麟在皇族中是率兵出战最多的人，具有一定的战争经验。慕容宝只好采纳他的计策，他调集了周边的精锐部队进中山，修固中山城防，屯积粮草，准备作长久战。

十月，拓跋珪命将军公孙兰等率骑兵两万人暗中从晋阳开辟当年韩信破赵的通道（即晋阳至井径的通道）。首先攻克了燕都中山南面的屏障常山（今河北石家庄），俘太守苟延。常山以东各地的官吏及军士或走或降，大部分都依附于魏，只剩下中山、邺城（今河北临漳西）、信都（今河北衡水市冀州区）三座城为燕所有。

十一月，拓跋珪兵分三路攻三城。他让东平公拓跋仪率骑五万攻邺城，冠军将军王建与左将军李栗率军攻信都，他自率主力攻中山。拓跋珪下令，各路大军，要严加约束，"军之所行，不得伤民桑枣"。

到十一月二十日，拓跋珪率军推进到中山城下，开始攻城，后燕高阳王慕容隆率军死战。慕容隆所率的龙城兵是后燕当时战斗力最强的，慕容隆又善于带兵，他指挥龙城兵奋勇守城，从早晨一直厮杀到晚上。由于龙城兵骁勇善战,再加上中山城池坚固,魏军攻城未能见效,而且损失几千士卒。初战失利,拓跋珪率军退守到渔阳(今北京东),驻扎下来,休整部队。

在拓跋珪率军攻中山受挫时,魏将石河头率军进攻蓟城(今北京南)。守城的后燕章武王慕容宙与镇北将军慕容兰率领城内民众与兵士,利用坚固的城池,拼死硬守,一次次打败魏军的进攻。魏军没有办法,只好退军到渔阳与拓跋珪的主力军会合。

面对几处的失利,拓跋珪意识到,后燕军队仍然有一定的战斗力,想一鼓作气在短时期内灭燕是不现实的。他召集众将分析目前形势,商讨更有效的办法。以许谦为首的一些人主张集中兵力先克中山,因为中山是后燕的都城,后燕的有生力量大都集中在中山,中山一克,燕帝一俘,后燕便告灭亡。但是拓跋珪不同意,他说,中山城池坚固,慕容宝必定不出战,以死守来消耗我军,如果打起长久围困战,我军兵众,粮草难以接济。而强硬攻城,因中山城池坚固,只能增加我军士兵的伤亡,不如先取邺与信都,然后再图中山。只要攻占了邺与信都,中山就成了一座孤城,不攻自破了。而且我们一撤军,慕容宝一定会出来向民间征粮,由于民间粮食已经紧缺,势必会出现军队与平民争粮的情况,这样,就会给敌方造成混乱,我们转过来再攻他们就容易多了。

拓跋珪高瞻远瞩的战略思想,让许谦等北魏大小将领十分佩服。张衮步出营帐时环顾四周对众人说,我们的大王深谋远虑,非吾等所及,燕赵之地,将为我王所据也。

拓跋珪从中山撤军,率军向信都进发。燕的一些太守、郡守及驻防官吏,听到魏主亲率大军到来的消息都弃城逃跑了。从中山到信都,沿途基本没有遇到燕军有组织的抵抗。从大草原翻越阴山,来到河北大平原上的鲜卑拓跋部的将军们大开眼界,感觉到了中原地区的富足与文明,一切新鲜的东西,都强烈地吸引着他们。

拓跋珪沿途广泛网罗人才。他听说博陵太守申永、高阳太守崔宏出逃,急忙命人追捕,下令务要生擒二人,如果有人伤二人性命,夷其三族。当崔宏被生擒回来后,拓跋珪亲自召见了他。他亲自为崔宏解开绳索,好言相劝,封官加爵,使其归附,后被任用为黄门侍郎。博陵令屈遵城破降魏,魏主任命他为中书令,"出纳号令,兼总文诰"(《资治通鉴》)。崔宏按照拓跋珪的意愿,创立礼制,代拟号令。后来拓跋珪及他以后的几位皇帝的各种制度及谕旨,多出自崔宏之手,从中我们可以看到拓跋珪知人善用之处。

在魏军主力由攻打中山转向信都时,拓跋仪率军开到了邺城周围,开始攻城。守城的燕将是范阳王慕容德与南安王慕容青,他们已经做了充分的守城准备,使拓跋仪攻城未见成效,反而损伤许多士卒。在一个夜晚,城中燕军主动出击,偷袭魏营,大破拓跋仪军。拓跋仪只好率军退到了新城并向拓跋珪汇报战况。

魏军撤退,邺城解围。慕容青想出兵追击,别驾韩㠐说,魏军强而我军弱,敌虽失利,但未伤要害。我们现在出城追击魏军,那是自取其败。现在魏军深入我境,粮草物资没有保障。我们应该深沟高垒,坚持守城,以此来消耗魏军,等到敌军疲惫不堪时,我们再与敌决战,方能胜魏。慕容德与慕容青听从了他的计策,利用魏军撤走的机会,加紧修理邺的城墙。

公元396年十二月,魏主命辽西公贺赖卢(珪舅贺讷弟弟)率骑兵两万人支援拓跋仪攻邺城。而贺赖卢自认为是魏主的舅父便不受拓跋仪节制,造成将帅不和。加之拓跋仪的司马丁建暗里与敌勾结,他以箭系书射入信都城中,向慕容德告密拓跋仪军中情况。一天晚上,恰巧贺赖卢营中起火,丁建便对拓跋仪说,贺赖卢烧营叛变。拓跋仪信以为真,于是引兵退走。贺赖卢听说拓跋仪引军退走,也率军撤离。丁建却率军投燕,他对慕容德说,魏军自入境以来,不间断地攻城略地,没有得到很好地休整。拓跋仪的部卒,屡攻邺城不下,粮草又没有保障,现在已经没有了初出战时的锐气,他们已经很疲惫了,可以去攻打他。于是燕以骑兵七千人追击魏军,结果魏兵被打败。

其实,这次攻邺失利,主要是因为贺赖卢不听指挥,丁建等叛国投敌。当拓跋仪开始进攻邺时,慕容德派出使者到后秦,许以割地及财物,希望后秦出兵以解后燕之危,但是后秦主害怕因救燕开罪于魏,引火烧身遭魏报复而拒绝慕容德的请求。消息传到坚守邺的吏民士卒中间时,引起了很大的恐慌。慕容德、慕容青等十分恐惧,收拾府中财宝做好了逃跑的准备,守城信心已大打折扣。而就在这关键时刻,丁建投敌泄漏军情,并且引燕军追击魏军获胜,这样又极大地鼓舞了守城军民的斗志。

接着,燕主慕容宝使左卫将军慕舆腾攻打博陵,攻克了城池,杀掉了魏的守城官吏。

魏北部大人没根骁勇剽悍不服节制引起拓跋珪的忌恶,便有了除没根的想法。没根害怕被诛杀,带领亲兵几十人投降燕主,燕主封他为镇东大将军、雁门公。没根主动提出夜劫魏营,慕容宝尚未深信,在没根努力要求下,慕容宝才派出百余骑跟随没根去偷袭魏营。

夜晚,没根率这百余骑袭击魏主拓跋珪的中军大营。他们伪装成魏军,仿效魏兵口号,叫开营门进入魏营,一直到了魏主的中军帐,被守卫拓跋珪中军营的巡逻兵士拦住,双方动起手来,喊杀声震动了魏营。拓跋珪从梦中惊醒,赤着脚逃匿到后帐。没根杀死杀伤百余魏兵后率军士回到燕营中,慕容宝大加赞赏。

没根投敌,夜劫大营,直杀到中军营帐,拓跋珪差点被没根所害,加之丁建投敌,使拓跋珪心存顾虑,他深刻认识到内部的不稳定。

这时候魏冠军将军王建率军也正在拼力攻信都。王建其人,性好掳掠杀戮,其智谋贫乏,加之在参合陂战后,他力主坑杀降卒,因而引起后燕广大军民对其极大的仇视,只要是王建的军队到来,他们便死拼死战。王建攻信都苦战两月也没有攻下来。

得到王建久攻信都难下的消息,拓跋珪决定先集中力量帮助王建攻克信都,一方面以此来鼓舞士气,扭转目前被动局面;另一方面,通过攻克信都,获取城中粮草物资,补充魏军所需。

公元397年正月二十二日,拓跋珪率大军开进到了信都。燕将慕容凤已经守城七十多天,敌王建已经不支,又听说魏主亲自来,料难取胜,便抛下军士,独自逃走。拓跋珪于是占领信都。

魏占领信都,使拓跋珪能够集中力量进攻中山。同时也大大地鼓舞了各地苦战的魏军士气,迫使慕容宝不得不收缩兵力,全力保卫中山。

二月,拓跋珪还军至相城。没根的侄子丑提为并州监军,得知其叔父降燕怕受牵连,率部叛魏。这时候,魏国内一些部落也趁机作乱。贺兰部、纥奚部的一些头人们起兵反魏。驻守云中的拓跋顺率军讨伐,没有获胜。几次失利,加之怕国内有事,拓跋珪便想引军北归。他派其相国涉延向燕讲和,并且决定让他的弟弟拓跋觚作人质。

但是燕主慕容宝得知魏内乱迭起,认为打退魏军光复失地的机会来临了,拒绝与魏讲和,决定大举反击魏军。他首先大量征兵,将府库中的金帛全部拿出来募军。来报名的人不管好坏,全部录用。金帛不足后,把宫中闲散的侍女也作为赏赐,有时几个应征者才能得到一个侍女。于是盗贼无赖竞相从军,几天就得到好几万人。慕容宝先派人责备拓跋珪忘恩负义，然后，调集步兵十二万人，骑兵三万七千人驻于柏肆坞（今河北藁城）与魏对战。

魏主拓跋珪议和不得，闻敌至，大怒。二月初九，引兵到滹沱河南，与燕军夹岸列寨。

燕高阳王慕容隆想出一计，他向慕容宝请示愿意带领军队乘夜渡过滹沱河偷袭魏营。慕容宝答应了慕容隆的要求，并将自己精锐的侍卫部队调出一部分归慕容隆指挥。慕容隆又从招募的军队中挑选出勇士一万多人，让他们饱餐战饭，每人拿一支火把，在夜静更深时悄悄地渡过河，一登上对岸，便一齐点燃火把杀向魏营。由于连日挑战燕军不敢出战，魏军产生了轻敌心理，放松了警惕，都酣然入睡了。忽然间，喊杀声震动大地，魏兵从梦中惊醒，到处乱窜，自相践踏。拓跋珪见四面俱是火光，也不觉惊心动魄，连衣服帽子都没穿戴上，匆匆逃走。燕将乞特真首先冲进拓跋珪的寝帐，缴获了魏主的衣服与战靴。魏营内的粮草辎重成为燕军大肆劫掠的对象。乌合之众贪财忘义，燕军因为争抢财物，竟然互相拼杀起来。

拓跋珪惊跑几里，觉得后面没有追兵上来，于是稍稍得以休息，四散的魏兵也重新集结起来。拓跋珪站在高处一望，见燕军抢劫物资互相争斗，十分高兴地说，现在可以转败为胜了。他下令各部将领要迅速收拢部众，不能等敌人渡河，要将其彻底消灭。而后，便亲率侍卫们首先冲向燕军。燕军统帅慕容隆好不容易弹压住劫掠争斗的士兵，正要捆载物资渡滹沱河还营，不料魏兵杀回。由于哄抢物资，燕军已无秩序，魏军返身杀回来，燕军士兵便四散逃命。眨眼间，燕军阵地一片混乱。

此时的魏军，已经从慌乱中镇定下来，他们掉过头来，挥动刀枪，高声呐喊着紧随魏主，四处击杀溃败的燕军。燕军兵无斗志，到处逃命，一些人还挟裹着从魏营掠夺来的财物逃跑。慕容隆眼看无术取胜，便急忙回奔，待到他逃回慕容宝的大营，所带士卒不足一千人。燕花费大量财物募集起来的军队，便在一夜间，尽失精锐。

拓跋珪重新占领营寨，他让兵士们高燃火把，整个魏营笼罩在一片火光中。他下令把战鼓推到河岸边，让士兵以棉塞耳，擂响大鼓，鼓声震动滹沱河岸。燕军上上下下乱成一团。第二天，魏主列阵示威，军容整肃，燕人大惧，已经失去了决战的勇气。慕容麟与慕容农劝燕主撤军，慕容宝只好率军急归。拓跋珪渡河追击，燕军边退边战，屡战屡败。时令正值春寒，风雪交加，路边到处都是冻饿而死的燕军士兵尸体。燕主宝只带两万骑匆匆逃走，沿途怕魏兵追至，令士兵抛弃衣甲物资急退，"士卒弃袍杖、兵器数十万，寸刃不返"（《资治通鉴》）。

慕容宝退守中山，而燕国许多随军大臣被魏擒获。秘书监崔逞平素很有才名，张衮经常在魏主面前称赞他。拓跋珪得到他后十分高兴，授官尚书，使录三十六曹，委以重任。

拓跋珪大量吸纳中原地区汉族地主阶级的人员，加快了拓跋魏政权由联盟向国家的转化进程，这些人帮助拓跋珪制定了一系列能与封建经济相适应的政策，也使拓跋珪统治中原的信心得到了进一步增强。他采取全新的手段对待战争，改变过去杀戮与掠夺的陋习。他对那些俘获来的士人与官吏，只要愿意为魏效力，就按照其才能赐予职位。对于俘虏的军士，拓跋珪发给其粮食衣服，让其回家。

接着，拓跋珪马不停蹄紧随燕军后面，向中山进发。

信都被克，后燕军心动摇，柏肆坞大败，后燕军元气大伤。燕主慕容宝逃回中山，喘息未定，内乱又起。

赵王慕容麟，一直伺机想夺取帝位。他联络了许多朝中大臣，阴谋叛乱。尚书郎慕舆皓，为赵王死党，他看着慕容宝被拓跋珪打败，逃回中山，觉得机会来临，想杀死慕容宝，让慕容麟继燕主位，结果被手下的人告发。慕容宝派人严查，慕舆皓自知阴谋泄露. 他单人独骑逃奔到魏营，投降了魏军，将燕的许多情况告讯了拓跋珪。

　　燕主慕容宝本想加罪赵王麟，可是大敌当前，又怕赵王麟生出变乱，只能安抚一番作罢。他派出信使到龙城(今辽宁朝阳)，召清河王慕容会速来增援。可是慕容会挟私愤，不肯前来，只是派了建威将军余崇等率军五千先行，并让余崇在到达卢龙后驻扎下来，等待他的到来，没有他的命令，任何人不准动他一兵一卒。

　　慕容会与慕容宝的矛盾起于立嗣上。慕容垂封慕容会为征北大将军，幽、平二州牧。慕容会的母亲出生低微，不受慕容宝的宠爱，因而慕容宝也不太喜欢慕容会。但是，慕容会讨好祖父慕容垂，深得慕容垂喜爱。慕容宝率军伐魏时，慕容垂命他代摄东官事，礼遇一如太子，后来又命他驻军龙城，把东北地区的军政大事交给了他。慕容垂临死的时候，遗言让慕容宝今后立慕容会为燕帝位的继承人，即是皇嗣子。"而宝爱少子濮阳公策，意不在会。长乐公盛与会同年，耻为之下，乃与赵王麟共劝宝立策'宝从之"(《资治通鉴》)。但结果是慕容宝立慕容策为皇嗣子而设有立慕容会。

　　从此，慕容会心中对父亲慕容宝十分不满，多次违背慕容宝的旨意。这次，外敌入侵，慕容会竟然置国家大事于不顾，再一次违抗慕容宝的旨令，迟迟不出兵。

　　余崇率军到了卢龙，驻扎下来等待慕容会，长时间等不到，所带粮饷，早已吃尽，甚至于杀战马充饥。慕容宝等不来慕容会，十分愤怒,屡次派使下诏责备他。慕容会仍不着急,在龙城逗留达三月之久。

余崇在卢龙等不到慕容会,而中山城的形势一天比一天紧急,在万般无奈情况下,他决定先去侦察敌情,试探敌之强弱。可是燕军将士被魏军吓破了胆,没有人敢随从他,互相推诿。余崇鼓励众将士说,如今敌人大兵压境,都城危在旦夕。诸君受国重任,却如此贪生怕死,假若国家被灭掉了,做臣子的节操也丧失了,这真正是叫死有余辜啊!你们在此苟延生命吧,我愿意一人赴魏营,虽死无恨。

被他的话激励,部下有几百骑愿意跟从余崇。他们到了渔阳,遇到了魏军游骑千余人,众人都害怕了,不敢向前。余崇又说,敌众我寡,不战必死,战则可求生。说罢,便一马当先向魏军冲去。于是众人争先恐后奋力扑向敌群,魏军害怕退去了。余崇活捉了十多个魏军,审讯俘虏,得知魏主由于长久在外作战,心中也有归意。他便将这些消息告诉了慕容会,但是慕容会没有向慕容宝汇报。

拓跋珪从出兵中山到现在,半年多时间过去了,虽然进入燕境以来,屡屡获胜,但是却也暴露出了许多的问题。没根、丑提、丁建等投敌,使他感到内部潜伏的威胁。贺赖卢不服拓跋仪的节制,贵族们经常发生内讧,也使他心烦。尤其是拓跋顺留守云中,竟然有反意,更使他震惊。

魏南安公拓跋顺,什翼健之孙,受命留守云中。柏肆坞战役中,拓跋珪被燕军偷袭,燕将乞特真俘获了拓跋珪的衣靴,便到处宣传,说魏主生死不明。一些不明真相的魏军逃回云中后,将消息带回云中,于是拓跋顺便想自己统摄国事。协助拓跋顺守云中的莫题对他说,这是国家大事,不可轻易决定,应该审明情况后,再作决断，贸然行事，为祸不远，拓跋顺才作罢。后得知魏主不但平安无事，而且反败为胜的消息后，拓跋顺既庆幸，又害怕。

从相肆坞逃回到魏境的一些魏兵，路过晋阳时，他们对晋阳守军说魏主在柏肆坞大败，不知道是死是活。这时守晋阳的魏将封真，认为魏主已死，魏将大乱，于是发兵攻打并州。并州刺史曲阳侯素延奉魏主命守并州，他率军镇压封真叛乱，将封真斩首。但是素延这个人素爱杀戮，平息封真叛乱时，大开杀戒，许多无辜者被杀，人们纷纷外逃躲避他，并州形势日渐恶化。

接着，贺兰部帅附力眷、纥邻部帅匿物尼、纥奚部帅叱奴根等相继举兵反叛。拓跋顺讨伐不克，向拓跋珪报告。拓跋珪便派安远将军庚岳率万骑讨伐三部，不久平息了三部叛乱，魏境内的人心才安定下来。

拓跋珪这一段时间屡屡受挫。攻中山数月不下，伤亡严重，国内叛乱屡屡不断，战场上投敌事时有发生。这些原因，一方面是由于鲜卑拓跋部刚从氏族部落出来，其落后的一面时时显出负面的效应。杀戮、掠夺贯穿一些将领与兵士的始终，不服节制、投敌叛国、谋夺王位，后院起火消耗了力量；另一方面后燕仍有一定的抵抗力，仍有像龙城兵及慕容隆、余崇那样英勇善战的士兵与将领；三是参合陂大战，坑杀后燕降卒，使后燕军民坚信投降也是一死，与其放下武器也被坑杀，还不如拿起武器去拼杀。这就使拓跋珪军队到处受到顽强的抵抗。

魏军虽然久围中山，但无法给城内燕军以重创。而守中山的士卒，大部分是参合陂战死者的家人。父兄在营，皆欲报仇，将士们都想出城与魏军决一死战。征北将军慕容隆向燕主慕容宝建议，拓跋珪虽然屡获小胜，但其军队在外已一年多，其锋锐已经受挫，人马死伤大半，士卒厌战情绪严重，都想归去。一些部落叛离，给拓跋珪增加了后顾之忧,正可乘机破敌。城中将士皆欲替参合陂死难者复仇,乘敌之衰向敌进击,定可取胜。如果犹豫不决,士气丧尽,城中日穷,事久生变则为时晚矣!但是一些拥兵大臣多方阻挠,尤其是慕容麟,他斥责慕容隆,你已经有了柏肆坞失败的前面教训,现在你还想恃勇冒险,一旦再有失败,家国尽亏,大燕基业将要因你而毁。吓破胆的慕容宝更是畏敌如虎,慕容隆的计策未得施行。

敌军围城,自家将帅又难以协调。燕主慕容宝在没有办法的情况下只好派人到魏请和。愿意送还拓跋珪的弟弟拓跋觚,并且割让常山西境,让拓跋珪撤军。

皇始元年(396年)六月,拓跋珪母亲贺氏因为想念儿子拓跋觚而辞世。贺氏早年丧夫,与儿子拓跋珪及拓跋仪、拓跋觚几次涉死地,相依为命。可以说,没有贺氏,拓跋珪很难逃脱幼年的灾难。母亲辞世而去,使拓跋珪十分伤心。他常常想到童年时与母亲及两个弟弟逃难时的情景。现在他当了魏王,拓跋仪也受封东平公,唯有这个弟弟出使后燕时被扣,几年来作为人质不得归国。手足之情痛彻心扉。而母亲贺氏一直念叨着拓跋觚,多次让拓跋珪想办法救回他的弟弟。参合陂大战,拓跋珪俘虏了一些后燕皇族,他给后燕主送去信,希望以他们换回弟弟,但是遭到后燕主的拒绝。现在,燕主答应送还觚并割让常山西境,拓跋珪很爽快地答应了,并且按照双方诺言引军撤退。谁知又有人给幕容宝献计,说拓跋珪的魏军已经疲惫不堪了,应集中精力先破魏军,万不可与敌签订城下和约,那样做会大损国威。毫无主见与良策的慕容宝又听信谗言,中途反悔,不履行和约。拓跋珪得讯后大怒,再次引兵围住中山。

不久,燕内部又乱。幕容麟以武力劫持左将军慕容精,想逼其率禁军杀死燕主慕容宝而遭拒绝,慕容麟杀死慕容精后逃出中山,消息传到守城的兵士与民众中,引起了很大的震动。慕容宝想撤离中山,慕容隆劝阻说,先帝(指慕容垂)栉风沐雨创立了大燕基业,死去不足一年而天下大乱。现在外敌入侵而内乱不断,军民离散,如果皇上再逃离中山,天下人心尽失,大燕基业就难以保全了。但是,慕容宝不听劝阻,于三月十三日夜率领太子及一批王公贵族共一万多骑兵逃出中山,前往蓟城。燕将王沈等降魏,另有一些既不愿留中山,也不愿降魏的人逃到邺。

慕容宝逃离中山,中山城中失去了主帅,留在城中的军民更加不安。燕主逃走时,中山城的东门没有关,拓跋珪想乘夜入城。王建说,夜晚入城,恐怕军士乘夜盗窃府库财物,会像燕军在柏肆坞战役中一样,不如天亮以后有秩序地进入。

拓跋珪听从了王建的话。其实,一直以掳掠抢劫为乐的王建,是想天亮以后开进中山可以直按进入燕主宫室,劫掠更多财物。

第二天天一亮,拓跋珪兵临中山东门,可是城门已关,城上遍插旌旗,军士与民众的守卫反比从前更加严整,他十分吃惊。原来,慕容宝走了以后,城中军民拥立慕容详为君主,继续防守中山。他们抱着必死的决心,一次又一次地击退攻城的魏军。

拓跋珪屡攻中山而不克,招降守城兵士说,慕容宝已出城逃走,你们百姓还替什么人把守,你们不识天命,白白送死,应该及早放下武器,我保证全城人身安全。守城士兵及百姓回答说,从前参合陂大战,我们的士兵放下武器投降,反被你们坑杀,守亦死降亦死,我们情愿守城战死。拓跋珪怒视当年力劝自己杀降兵的王建,直唾其面。

鉴于目前情况,拓跋珪调整了战略指导思想。他下令,所有作战部队一律不得杀降卒,不得杀无辜平民,如有违者,以命相抵。

对于所占地方,要尽快抚伤葬死,恢复群众正常生产生活秩序。他派置了一些汉族地主作为地方官吏,抽调部分军队,打击盗匪,稳定地方治安。免掉了王建冠军将军的官职,以抚慰对王建仇恨的参合陂战死者的家人,并将素延问斩,其罪名是讨伐封真叛乱时,杀戮过重。

这样,后燕广大民众与兵士对魏军的敌视有所减轻。

不久,燕内乱又起。慕容会因未当上太子,又忌恨几个职位高于自己的人,派其党羽仇尼归、吴提染干等杀手二十多人,偷袭慕容农与慕容隆。慕容农虽然在格斗中受伤,但仍抓住了刺客仇尼归,逃到了山中躲起来,而慕容隆被杀死在寝帐中。慕容宝知道慕容会作乱后,派卫军将军慕舆腾刺杀慕容会未成,双方勒兵相攻。慕容隆是后燕最出名的能征惯战的将军,他的被杀,使后燕上下震惊。

慕容会杀死慕容隆后,又自称皇太子,录尚书事,领兵向龙城进发,以讨伐慕舆腾为名屯兵城下。慕容宝站在城楼上责骂慕容会,并晓喻军兵,让他们认清慕容会的反叛行径,反戈一击,共赴国难。经皇帝一说清内幕,受蒙蔽的士兵群情激愤。慕容会感觉情况不对,便停止攻城,在城外驻扎下来。夜晚,慕容宝亲率卫兵,偷袭慕容会的中军,大败慕容会。慕容会的反叛行径,受到了后燕上下的一致反对,成了众矢之的,在龙城不几天,所带部队大部逃散。他看到大势已去,仅带了十余骑人马,又逃回中山。慕容详以平乱为借口,杀死了慕容会。

与此同时,魏军粮草将尽,而中山、邺城均未攻克。拓跋珪命拓跋仪从邺城撤军,屯守巨鹿(今河北鸡泽)收集粮食。到五月,魏主珪也自动解除对中山的包围,率军到河间地区寻找粮草。慕容详乘机派出六千多兵马袭击魏军,结果被魏军斩杀千多人。对俘获的七百多士兵,拓跋珪为其治伤,发给他们衣服粮食放其回家。五月初,原奉慕容宝之命,率三千人马进入中山的燕将库辱官骥,在城中与慕容详发生内讧,被慕容详全部消灭。愚蠢的慕容详将作为人质的拓跋觚也给杀掉了。此时的中山城,已无固定的君主,士卒与平民结盟各自为战,混乱已到极点。皇族们的相互仇杀争位,使大批的军士与平民枉死于内讧中。

围攻中山与邺的魏军相继撤走,使久困城中的后燕军民舒了一口气。但是,慕容详认为魏兵退走是自己的功劳,乘机登上燕国皇帝位,改元建始。接着展开了残酷的内部斗争,诛杀王公以下五百多人,极大地削弱了中山的守城力量。城中民众饥饿难忍,请求出城寻找粮食,慕容详不答应,饿死者遍布街巷。慕容详没有积极地发动群众,认真做守城抗敌的工作,相反却视慕容皇族的子孙们为寇仇,认为他们会夺取其篡夺来的皇位,大肆杀戮慕容氏家族成员,这样,招致了众人的仇恨。七月,城中一些人偷偷给慕容麟送情报,让慕容麟回城主政。结果,慕容麟乘势率军偷袭中山,斩慕容详自称燕帝。

拓跋珪听说中山变乱,便再次率军围中山。到八月份,魏军发生瘟疫,死伤人马很多,加之粮草不济,士卒都想回归。但拓跋珪灭燕决心已定,他对那些急欲思归的将领们说,现在我们虽然遭受瘟疫,死者十之四五,但是"四海之民,皆可为国,在吾所以御之耳,何患无民"。他继续滞留燕境,招附各郡县吏民归降。

九月,中山城中大饥,慕容麟率两万人出走,屯于新市(今河北新乐西南)。拓跋珪进兵攻麟,随军太史令晁崇进谏说,纣以甲子亡,今日适逢甲子日,不宜出兵。拓跋珪笑着对他说,纣以甲子亡,周不以甲子兴吗?其意是说,商纣王是在甲子灭亡的,而周武王灭商兴周,不也是在甲子吗?晁崇无言以对。

拓跋珪兵不御甲，继续挥军攻打慕容麟，双方大战于义台（今河北新乐）。燕军两万人哪里是魏军的敌手，刚一交战，两万人便被斩九千人，数千人逃散，只剩下不多几个人跟着慕容麟。慕容麟彻底失去了守城的信心，带领几十骑护卫与妻子儿女从小路逃到邺。

慕容麟逃到邺，他没有与镇守邺的主将慕容德很好地研究退敌之策，相反以大燕皇帝自居，动辄打骂邺城内的守军与吏民，甚而至于想除掉慕容德独揽邺地大权，结果引起了慕容德的不满，被慕容德杀死。

从客观上讲，拓跋珪率军进入后燕境内以来，并不是一帆风顺的，后燕的军民作了顽强的抵抗。如果后燕最高决策者们能够团结一心，共赴国难，以燕赵民众之勇，拓跋珪是很难用不到一年半的时间灭燕的。慕容皇族们为争帝位相互残杀，坐视宗族同胞的灭亡，甚至于想借魏军之手除掉自己的同族。后燕的灭亡，很大程度上讲，是慕容皇族们争帝位而互相残杀的结果。

到十二月二十日，拓跋珪终于攻占了中山。燕国公卿吏卒两万多人降魏。燕皇帝印玺、图书、珍宝及后宫妇女数千人，都被魏所得。拓跋珪将大量的图书文献造册登记运到平城。派出侍卫部队进驻宫室等主要地段；严防乘乱破坏。又查得弟弟拓跋觚是由高霸、程同处死，便杀二人并夷五族。发慕容详墓，毁尸焚骨。

接着魏主派三万骑兵支援拓跋仪攻邺。

魏天兴元年（公元 398 年）正月，慕容德率四万户民众向滑台退走，拓跋仪顺利进入了邺城。拓跋珪充分利用参合陂一战的有利形势，抓住各种机会，凭着他卓越的军事指挥才能，经过一年零五个月的征伐，基本上解体了后燕。蓟城以南，滑台以北的后燕疆域被魏占领，北方广大地区被鲜卑拓跋族建立的魏政权所拥有。

拓跋珪于公元 386 年称王以后,经过十多年的征战,由弱小的代王,一步步成为北方的霸主,奠定了南北朝对峙的局面。当时北方地区虽然还有许多割据政权如北燕、西凉、后秦、南燕、夏以及柔然等,但是这些割据者,已经不能和北魏相抗衡。拓跋珪死后仅三十年,他的孙子拓跋焘便统一了北方。

第七章　迁都称帝　雄霸北方

经过一年半的艰苦征战，拓跋珪终于灭掉了后燕，后燕的都城中山及重要城镇邺和信都被拓跋珪占领，山东、河北广大地区尽收北魏囊中，使北魏的疆域向东、向南拓展了很大的面积，拓跋珪的东扩战略迈出了成功的一步。晋纪年隆安二年、魏天兴元年（公元398年）正月，拓跋珪率大军在拓跋仪的引导下，浩浩荡荡开进邺城。曾经是后燕的重镇邺，在拓跋珪的铁骑下，颤抖着迎来了新的统治者。虽然是饱经战乱满目疮痍，但是拓跋仪为了迎接拓跋珪，做了清理整修工作，邺仍不失其光彩之处。

拓跋珪首次率领部队进入中原，中原灿烂的农耕文明，使这位年仅二十七岁的魏主及其部下文武百官和三军将士们大开眼界。拓跋珪带领百官臣僚，在邺地四处巡幸。历经一年的战乱，尤其是慕容皇族的大肆掠夺，使邺地百姓流离失所，伤残者到处都是，饿死的人倒在路边无人收尸。拓跋珪下令葬死抚伤，赈济灾民，最大限度地恢复群众生产生活。他派置地方官吏，打击盗匪，周济离散，稳定地方治安。"民有老不能自存者，诏郡县赈恤之。"经过二十多天的战后安置，使河北重镇邺，得以安稳。

拓跋珪在邺，尤其重点地考察了邺的城郭建设情况，详细查看了邺的地理位置，房屋道路，城墙防守。拓跋珪"巡登台榭，遍览宫城"，已经有将都城迁到邺地的想法。但是鲜卑拓跋民族起自于北方,游猎是其主要的生存方式,多数人不能适应固定的农耕生活,尤其是邺远离他们的游牧故乡,因而坚决反对拓跋珪的迁都,拓跋珪只好作罢。不过这里繁荣的市贸、琳琅满目的商品、高超的制作工艺、精美的物品都强烈地吸引着他,使他感到前所未有的对晋王朝所统治区域的向往。中原尚且如此,烟雨江南又该是一番什么景色呢?

经过一段时间的考察后,他起驾从邺地返中山。临行前,他在邺设置了行台,重用了当地的一些汉族官吏,派龙骧将军日南公和跋与左丞相贾彝率领一批官吏及五千精兵镇守邺,以确保对该地区的有效占领。

在从邺地返中山的途中,拓跋珪对民间孤老及弱幼等不能依靠自身力量存活的人,都让地方官吏拿出粮帛,给以帮助。他深入民间,了解民众疾苦,也考察了当地的风土人情。下诏凡是经过战乱的郡县,减免租税,让经过战乱之苦的广大群众,休养生息,发展生产。

中山是后燕的都城,稳定中山,就可以有效地统治刚占领的河北、山东等大片地方。拓跋珪在中山设置台,让左丞相、卫王拓跋仪镇守,作为当地的最高长官。派抚军大将军、略阳公拓跋遵镇守渤海之合口。拓跋仪与拓跋遵是拓跋珪的主要战将,是其最亲信的大臣。拓跋珪临行前让这二人镇守中山与合口,足见他对该地区的重视。

魏晋南北朝时期,门阀士族形成为一个特殊阶层,这些人在政治上享有特权,多数人担任重要官职,经济上占有大量的土地和劳力,有自己的庄园,社会影响面也很大。拓跋珪进入中原后,对这些人礼遇有加,他想通过他们接纳更多的地方名士。

一次,拓跋珪从中山城出发,向南巡视,到了高邑,得到了王永的儿子王宪。他大喜过望，说，这是王猛的孙子啊！王猛是当时晋之名士，曾任苻坚的丞相，王猛的儿子王永，曾任苻丕的丞相。拓跋珪以得到他的后人而高兴，他让王宪"以为本州中正，领选曹事，兼掌门下。"在中原地区，拓跋珪召见了许多名人望族，尤其是文人们，给他们加官赐爵，努力将他们吸纳到他的阵营中。

在北归的时候，拓跋珪感觉到代与中山的交通很不便利，便调动了一万名士兵，历时三个多月的时间，修通了从望都至代五百多里的山路。这条道路的修通，一方面便利了当地群众的生产生活，更重要的是他在这些地方设置了军事机构，在主要关隘处派兵驻守，这样，一旦中原有变，可以通过这条道路迅速地开进军队。

对于新占地，拓跋珪一方面以安抚的手段，稳定地方；另一方面，他严厉惩治叛乱者。当时，后燕的残余势力与地方的盗匪，一直没停止对魏军的骚扰，他们听说魏主离开了河北地区，便群起作乱。拓跋珪的车驾刚到恒山的南面，博陵、勃海、章武等地区相继发生叛乱。他们攻击魏的各级官署，杀害官吏与平民。拓跋珪命拓跋遵率军严讨，很快便平息了叛乱。

魏右将军尹国，受命在冀州一带驻守，听说魏主回到了北方，便起兵袭取信都，想称霸一方。拓跋珪令安南将军长孙嵩出兵镇压，捉住尹国后，下令斩首，以震肃其他人众。

广川太守贺赖卢，性格鲁莽，加之又是魏主的舅舅，飞扬跋扈常常瞧不起别人。王辅为冀州刺史，贺赖卢隶属于王辅管辖。他总认为外甥拓跋珪封其官职太小，耻居王辅之下，便偷袭王辅，将其杀死，自己当上了冀州刺史，接着又带领部属大肆劫掠周边地区。拓跋珪派兵镇压，他南渡黄河，投奔了慕容德，慕容德封他为广宁王。贺赖卢彻底走上了投敌叛国的道路，与外甥拓跋珪为敌了。后来他屡次侵扰魏南部边郡，给魏造了不少的麻烦。

拓跋珪在山东、河北地区滞留其间,他巡视了占领区内的主要州郡县,一方面,显示鲜卑拓跋族战胜者的威风;另一方面他努力稳定所占区域的社会秩序。他访贫问苦,赈济离散,吸纳士人,招降豪俊,而且调研了当地的人丁数目,生活情况。他觉得,中原地区人多地少,而代地却正好与之相反,应该将中原地区的民众向代地迁移。

　　于是他下令各郡县核实当地的人丁,逐级上报。

　　在中原巡视一个多月后,拓跋珪回到了繁峙宫。这时拓跋珪开始了大规模的移民活动。他将原后燕的民众,大量迁到代境,发给他们土地和耕牛,让他们固定居住,从事耕作。这样代境内人口大量地增加了,代境呈现出前所未有的繁盛局面。当时在凉城境内,拓跋珪也从外地迁来大批移民,每人给田四十亩,外加一头牛,征收的租税虽然比较重,但是移民们有了固定的生活场地,不用再经受战乱、流离失所之苦了,而且,外来移民,带来了中原地区先进的耕作技术,有力地促进了当地的经济发展。

　　北扩南征战略的成功,使北魏成为塞外最强大的政治、军事集团。中山战役后,拓跋珪开始大兴土木,营建宫室。他四处巡幸,到处游猎,过了一段相对悠闲的日子。

　　广阔无垠的草原,孕育了鲜卑英雄拓跋珪。他像一只苍鹰般,从草原起飞,飞越阴山,鸟瞰中原。现在的拓跋珪,已经成为了名副其实的北方的霸主。他抖落征战后燕的满身尘埃,纵马驰骋于碧绿的松漠草原上。夏初的草原,各色各样的野花盛开,散发着醉人的芳香;蜿蜒于草甸上的河水,清澈透明,像一条银色的飘带展落在草丛间;牛羊悠闲,小鸟鸣啾;牧羊姑娘清脆的歌声伴着饱含花草香的轻风掠过树头,缠绕在纵马奔腾的壮士肩头……

　　年轻的魏主拓跋珪率领了一批文臣武将,就在这样的美景中尽情地游乐。

有一次他在白登山打猎,看到有一只熊领着几只小熊。他对身边的将军于栗碑说,你以勇猛冠盖三军,你是我们鲜卑拓跋部中数一数二的壮士,你能够持利刃与这几只熊搏斗一番吗?于栗碑跨黑马持黑矛,军中赞誉他为黑将军,拓跋珪曾说,卿即吾之黥彭。他常侍拓跋珪左右,因其武艺高强,性格直爽,深受拓跋珪喜爱。这次白登山游猎,是护卫中军的,直接负责魏主的安全。听到拓跋珪让他与熊格斗,于栗碑高声说,兽贱人贵,假若我没能够战胜那些熊,反而被熊所害,难道我们魏国不是白白地损失一个壮士吗?大王您不是损失了一个冲锋陷阵的勇士吗?

结果于栗碑驱马到魏王前面,引弓发箭射倒了这几只熊。拓跋珪深感于栗碑说得对,便向于栗碑道歉!并且将这几只熊作为奖品,赏给于栗碑。

山东一带安稳后,拓跋珪将卫王拓跋仪召回中山,商议迁都的事,他让略阳公拓跋遵代替拓跋仪镇守中山。不久他又大规模封赐功臣,任命征虏将军穆崇为太尉,安南将军长孙嵩为司徒。鉴于柔然屡屡犯边,他派李先率兵北征柔然。李先率军大破柔然,拓跋珪予以重赏。秀容川酋长尔朱羽健跟随他攻晋阳、中山屡立战功,便加封他为散骑常侍,并且把环绕他所居地三百里以内的土地赏赐给他。

四月,拓跋珪在盛乐西郊大规模祭天。旗帜猎猎,香雾腾腾,鼓乐齐鸣。各部首领、酋长及朝中大臣服饰鲜艳随魏王向苍天膜拜。搭起的木台上,红、黄、青、蓝、白五色旌旗迎风飘扬,披着铠甲、握着刀弓的武士威严地站在木台的周围,熊熊燃起的篝火边,一个巫师持鼓挂铃,围着火堆跳跃吟唱。拓跋珪顺着台阶走上了木台,他挺立地站在台上,双手张开,向着苍天、向着太阳跪拜,台下的文武百官与各族百姓,齐声欢呼。

拓跋珪俨然似帝王模样,举行祭祀。这次祭祀规模之大、规格之高都是拓跋部历史上空前的。

但是,拓跋珪总觉得,魏境内人口不够多,农业不发达不说,工商贸易简直不可与中原地区同日而语。他所辖下的代地百姓,大部分是以游牧民族为主,百工技巧、精匠能人少,各类工艺粗糙,商品种类奇乏,市井的繁荣程度差。进军后燕占领山东后,中原地区的发展,给他留下了深刻的印象。于是他再次进行了大规模的移民活动。"徙山东六州人吏及徒何、高丽杂夷、三十六署百工伎巧十余万口以充京师。"并将高车、柔然、匈奴等被征服部落的人畜财物,大量向魏中心统治区域迁移。很短时间内,魏京师周围不但人口猛增而且各类集市也逐渐地发展并活跃起来。

六月,拓跋珪下诏群下,议定国号。群臣上奏说,周、秦以前的天子都是由诸候升为天子的,他们这些人,有自己的封国,封国有名称,当他们当了天子后,他们多数人把他的封国名号作为国号。汉以后,开创天子事业的开国皇帝,都是凭借战争而得,没有封国,因而多数人自己起国号。我们国家已经有几世相承了,在代的北面开创基业,逐渐强大,先辈们通过四方征伐,才有了现在的局面。应该以代为国号,象征我们的国家年代久远。

黄门侍郎崔宏上书说,过去商朝时代的人没有固定的居所,所以有两种称谓,既叫殷,又叫商。代虽然是我们最早的称谓,但是在登国元年四月,我们已经改国号为魏,大王也称魏王。自从建魏号以来,我们西北扫诸部,东南灭强燕,已经开创了全新的局面,是过去代所无法比较的。魏是大国,是神州上国的名号,还应该称魏。

这样,就形成了两种意见:一些人认为以代为国号年代久远,象征国家承继长久。一些人认为魏已替代,应该继续用魏为国号,争论不休。

拓跋珪在广泛听取各方意见后,最后下诏说,从前我的远祖,统领了远方的一些部落,虽然登上了代王位,但没有平定九州。后来,贼臣作乱,使前辈创的代分崩离析。到了我这儿,从牛川起事以来,恢复了前人创的代。我率领大家,征战四方,稳定并扩大了代的基业。中原地区,互相争夺,民风虽然与我们不一样,安抚他们在于以仁德。所以我亲率六军横扫中原,消除了主要敌人,边远地区的人众也相继归顺。登国元年我们已经改国号为魏,现在应该仍然以魏为我们的国号,"布告天下,咸知朕意。"

于是,魏仍然为拓跋珪的国号,史称北魏,又称后魏、拓跋魏、元魏。

公元386年正月,拓跋珪于牛川继代王位,使灭亡了十多年的代,重新恢复了政权。但是到四月,拓跋珪便改代为魏。我们没有确切的材料来解释为什么延续了几代人的代的国号,到了拓跋珪时,仅使用了四个月。可是从推断看,力微在魏蜀吴三国时代做了鲜卑拓跋部的大酋长,他十分向往中原文化,便派其儿子沙漠汗到曹魏做质子,与曹魏关系很好。后司马氏集团取代曹魏建立晋,拓跋部又一直与晋来往密切,接受晋帝封号,晋怀帝曾封猗卢为代公,晋愍帝加封猗卢为代王。是晋皇帝确立了拓跋部在代地的位置。曹魏是晋的前身,拓跋珪以魏为自己的国号,也反映出他想建立一个像曹魏那样强大的帝国。在拓跋珪的心目中,挥鞭过长城,跃马跨黄河,兵锋指江淮,一统华夏才是他的终极理想。

七月,拓跋珪开始做迁都工作。

牛川大会诸部,拓跋珪称代王,定都盛乐。但是他一直嫌盛乐地势偏僻,总有迁都的打算。盛乐所辖周边,经济相对落后,势力影响的范围,还是以游牧民族为主。占领中山与邺后,他就有将都城迁到那里的想法，但是因各方条件所限，没能付诸实施。随着强大的后燕被消灭，他的统治区域向南、向东推进了很大的面积。政治、经济、文化的重心已经不再是昔日的漠南草原了，统治的中心地区也向东、向南移了，迁都便提到了重要的议事日程上。

入夏以来，拓跋珪一直酝酿迁都的事。他深刻知道，迁都非同寻常。他帐下的王公大臣、文武官员，多出自草原上的各个部落。这些部落的大人酋长们，习惯的是战争掠夺，放牧狩猎，对于农业耕作是极不适应的，向南迁都，就意味着这种传统生活方式的改变，如果众大人、头领及多数皇族们反对，光凭自己一人力量也是难以办成这件事的。但是要经略中原，必须向南迁都，苟安于漠南草原，是不会有大作为的，而且刚占领的燕地，也会因之而不能有效地控制。在权衡各方面情况后，决定迁都平城，即今山西大同市。

平城地扼塞上，这里往北不远就是鲜卑拓跋部落最初建的代政权所辖地，是他们游牧的故乡，是他们情感所系的地方。向南发展可以依托这里，运输战马。将都城建在平城，既可以不会太大地改变鲜卑贵族们传统的游猎生活，也向中原地区迈近了一步。因而，当拓跋珪提出迁都平城后，虽然也有反对的意见，但并不是很大。

公元398年七月，拓跋珪正式将都城从盛乐迁到平城。他封梁眷为盛乐太守、漠南公，节制漠南草原，为他看守好昔日的都城盛乐。他下令将盛乐城内重要的东西由拓跋仪先行装载运到平城。拓跋珪的迁都是快节奏的，他没有等宫室、宗庙落成，而是一边迁都，一边建设。

盛乐，这古老神圣的地方，拓跋部几代人流血流汗的地方，现在要被放弃作为都城的资格了。拓跋珪驻马于盛乐城头，眺望着碧绿的草原，草原上的牛羊，牛羊旁边的百姓。盛乐不远处的阴山，绵延起伏，他仿佛又看到了他的出生地盐池、参合陂，看到了牛川、参合陉。

拓跋珪迁都平城后，这座古城，迎来了历史上最繁华、最荣耀的时期。平城成为了北魏当时政治经济文化的中心区域，直到494年孝文帝迁都到洛阳，其间近百年的时间，平城一直作为北魏的都城。

迁都并非是一件易事。拓跋珪从盛乐迁到平城过了近百年后，孝文帝由平城迁都洛阳时，不少人仍然反对迁都。当孝文帝乘马赴洛阳时，一些人甚至还拦于马前，孝文帝以杀戮来斥责他们，"斧钺有常，卿勿复言！"时任镇南将军于烈（于栗碑之后）赞同迁都，孝文帝让他镇守平城，以看好昔日的都城，并统领北方广大地区。

拓跋珪迁都平城后，平城周围叫"畿内"，环绕着"畿内"一千多里的地方，叫作"近畿"，这个区域成为了北魏政权统治的重点地区。

中央机构及一大批官衙和大量官吏迁到平城，这就必须对平城的市镇进行大规模建设。

营宫室、建宗庙、立社稷成为了必须建设的项目。沉寂了多少年的平城，在拓跋珪的一声令下，热闹起来了。斧斤入山林，大量木材运到平城。能工巧匠发挥他们的聪明才智，画栋雕梁，屋宇楼阁接踵而起；开山凿石，临崖摹刻，石佛慈祥的目光注视着一凿一錾精心雕琢的工匠们。

在加紧建设都城的同时，拓跋珪下诏"命有司正封畿、制郊甸、端径术、标道里、平五权、较五量、定五度"(《魏书》)。接着他派出了专门的考核人员,深入各郡、县对官吏们进行考察,将朝廷的精神贯彻到各郡县。对于那些贪赃枉法的官吏,进行检举揭发,上报于朝廷作出处理。派出去的人是奉魏主的命令行事的,就如同后来的钦差一样。但是,拓跋珪对于官吏们的处置十分慎重,他亲自审核上奏来的材料,并且认真核实其真伪,从而做出决定。

十月份,天文殿建成,这是他准备称帝的宫室。接着又相继完工了其他一些宫室和重要的官署。大量地整修旧城,拓展街道,拓跋珪的都城建设初具规模。

十一月,拓跋珪下诏"让尚书吏部郎中邓渊典官制,立爵品,定律吕,协音乐;仪曹郎中董谧撰郊庙、社稷、朝觐、飨宴之仪;三公郎中王德定律令,申科禁;太史令晁崇造浑仪,考天象;吏部尚书崔玄伯总而裁之"(《魏书》)。至此,他不但规范了国内的度量衡、货币,而且从音律到祭祀、天文历法等都做了规范。

但是,当时魏境很不安宁。一是被北魏占领的原后燕广大地区的后燕残余力量,时常造乱,袭击州郡县所在地,杀死北魏派驻官员;二是连年战争,使广大群众游离失所,生存无计,被迫揭竿而起,反抗官吏的残暴,争取最起码的生存权利;三是一些贵族们常常挑战皇权,占郡据州,想独霸一方,自立为王。拓跋珪移民时,博陵、勃海、章武等地群众反对迁移,聚啸山林;离石胡铁延,西河胡帅张崇等聚众反叛;乌丸张超聚众几千人占据勃海的南皮,自号乌丸王,打掠周边郡县;广平太守,辽西公拓跋意烈谋反。虽然这些叛乱很快就被镇压,但是拓跋珪意识到加强王权的必要性。他认真学习研究汉族王朝在巩固王权上的做法,最大限度地削弱鲜卑贵族们的特权。他在派出人员监督检举不法官吏予以严惩的同时，也进一步完善对官吏的约束制度，限制地方官吏对百姓的盘剥压迫。加强对叛乱频繁地区的军事力量，缓减平民与贵族间的矛盾。拓跋珪采取各种手段，着力为迁都与称帝创造一个良好的环境。

拓跋珪虽出身皇族，但是幼年时遭受不幸，饱尝了人世间的辛酸苦辣，对民间疾苦以及下层官吏的情况十分了解。这种经历，使他登上帝位后，能够为处于下层的民众着想，宽刑减约，让普通百姓休养生息。"既定中原，患前代刑纲峻密，乃命三公郎王德除其法之酷切于民者，约定科令，大崇简易，天下民久苦兵乱，畏法乐安，太祖知其苦，罚必从轻，兆庶欣戴矣！"（《魏书》）。

宫室及官衙陆续落成了，一切礼仪也制作完善了，法令制度向全国颁布了，对于地方官吏的考核任用也结束了，各地的治安状况也好转了，称帝前的一切准备工作已经陆续完成，只有正式称帝了。

但是，拓跋珪仍旧不紧不慢地进行着各项工作。舆论四处造着，流言四处传着，说拓跋珪很快要称皇帝了，就像晋室皇帝那样。魏境内百姓们，从王室贵族到市井小民，都认为一觉醒来，拓跋珪就已经登临帝位了。但是从迁都到现在，三四个月过去了，拓跋珪还没有称帝。

魏左丞相、骠骑大将军、卫王拓跋仪联络了许多王公大臣，上书说，我们听说如果北极星居中，那么所有星宿的位次也就各依其位了，帝王顺应天时，居统大位，那么诸侯们就瞩目帝王，有了依靠。现在陛下德行操守可比三皇五帝，仁爱充溢四海，教化润泽各处。陛下的恩泽惠及到了鸟兽鱼虫，使草木也沾了光。赞美的言辞让天下人归心，如同涓涓溪水汇入浩浩大海。军威所到之处，如同狂风卷乱草。天下百姓都仰望您，把他们的命运与陛下系到了一块儿。可是陛下却谦恭推让，使天下失去了北极星，没有了仰望的圣主。陛下这样做，上没有顺应天意，下没有对百姓贯穿仁爱。

这样长久下去,会使国境中人心离散,于我们的国家是极其不利的。陛下应该顺应天意,及时登基称帝。臣等冒死请奏。

但是拓跋珪没有一下子应允,"三让乃许之"。其实,拓跋珪是从心里想称帝的,而且为之做了大量的准备工作。拓跋仪带头上奏,也不排除是拓跋珪暗中的操纵。公元265年,司马炎逼魏主曹奂"禅让"帝位于他,就运用了一手强逼、一手推让的策略。他让一些追随者强迫魏主退位,但他多次推让,硬是让魏主曹奂建受禅台后,将帝位传于他。这样就显示出这帝位不是夺来的,而是禅让的。时间过去一百三十多年,拓跋珪也采用同样的手段,表面上推让,说自己不堪为帝,躬身事晋足矣,但暗里却做着一切称帝的工作。群臣上奏,舆论高呼,使拓跋珪称帝名正言顺了。

十二月,拓跋珪正式驾临天文殿择日称帝。称帝这天,白雪将大地铺盖一新,似乎上天也为拓跋珪称帝而高兴,降瑞雪以示祝贺。太尉、司徒给他披上了绶带,进献了玉玺。他头戴王冠,身着长袍,脚踏皮靴,坐在高大威严的帝王宝座上,接受百官的朝拜。百官高呼万岁,声音震动了天文殿。二十七岁的拓跋珪登上了帝位,史称道武帝。在中国北方活跃着的匈奴、鲜卑、羯、氐、羌等少数民族,虽然风云当时的很多,一些人也建立了自己的政权,鲜卑慕容部建燕,冒顿单于也把分散的民族、部落联盟向统一的奴隶制政权过渡;羯人石勒立国后赵;不少匈奴人也建立过自己的政权,但是没有一个有拓跋珪那样的气势。

拓跋珪称帝后,将原皇始纪年改为天兴元年,大赦天下。他下令朝野上下,都将头发束起来,戴上帽子,改革鲜卑民族一直以绳索束发的旧习。追崇远祖毛以下二十七人皆为皇帝。毛为至成皇帝,洁汾为圣武皇帝,力微为神元皇帝,沙漠汗为文皇帝;曾统治今凉城境内的猗㐌为桓帝,猗卢为穆帝;祖父什翼健为昭成皇帝,父亲寔为献明皇帝。谥母亲贺氏为献明贺太后。

拓跋珪下诏规定"乐用《皇始》之舞,从土德,服色尚黄,数用五,祖以未,腊以辰,牺牲用白。五郊立气,宜赞时令,敬授民时,行夏之正。"他大规模封赐官员,重赏有功人员及皇室贵族。

按照以前的习俗,鲜卑拓跋部每年要举行几次大规模的祭祀活动。孟夏在东庙祭祀,季夏在阴山祭祀,孟秋在西郊祭祀。夏秋间的祭祀基本相类似,设置祭坛,内列金石,祭祀的乐曲,大体上都用《八修》的舞曲。

拓跋珪按照旧俗,于天兴二年(公元399年)正月,在南郊举行祭祀活动,建了巨大的祭坛,隆起了高大的火堆。把神元皇帝力微像置于祠中,鲜卑拓跋部的皇室贵族及朝中大臣随于魏帝后,举行大礼祭祖。乐曲用《皇矣》,奏《云和》之舞,祭祀完毕后,奏《维皇》之舞。这时的拓跋珪从祭祀上已经对以前拓跋部的祭祀做了进一步的完善,而且有了规模与规定。

夏季在北方祭祀中,乐曲用《天祚》,奏《大武》之舞。对过去的祭祀,增加了新的内容。

祭祀天地,是古代国家的重大典礼,是承天继祖的象征。自周代以来,天下大事,在祀与戎。祭祀不但是国家的重大国事活动,而且也是祭告天地的宗教仪式。因此,历朝统治者都要在登基时于南郊建立圜丘告祀天地,以示皇帝是受命于天,是天的儿子,是上天派来管理人间的真龙天子,表明自己的帝位是合法的,是顺应天命的,并祈求上天的保佑。这样再登基称帝,才是正统的。

在一片鼓乐歌舞声中,拓跋珪身着帝服,在平城南郊举行祭告天地仪式。他对上天毕恭毕敬地行礼叩拜,旁边由祝官高声宣诵诏告上天的文告,其祝文曰:

皇帝臣珪敢用玄牡,昭告于皇天后土之灵。上天降命,乃眷我

祖宗,世王幽都。珪以不德,纂戎前绪,思宁黎元,龚行天罚。殪刘
显,屠卫辰,平慕容,定中夏。群下劝进,谓宜正位居尊,以副天下
之望。珪以天时人谋,不可久替,谨命礼官,择吉日受皇帝玺绶。
惟神祇其丕祚于魏室,永绥四方。

接着,皇帝起驾到太庙,这时太庙还没有完全落成。拓跋珪也
如同历代帝王一样,必须履行祭祖的大事。太庙中祭祀皇帝祖宗,
祀求祖宗神灵保佑。太庙一般追尊四代祖父母、父母为皇帝皇后。
因而,这次祭祖后,拓跋珪一直马不停蹄地进行太庙建设,在秋冬
之际,太庙落成后,将其先辈四代祖宗神位供奉于太庙。

拓跋珪称帝后,"徙六州二十二郡守宰、豪杰、吏民二千余家于
代郡",从而进一步增加了平城周围的人口,促进了当地各项事业
的发展。东至代郡(今大同东),西至善无(今左云北),南及阴馆
(今代县北),北尽参合,都成为了北魏的畿内,从地域上看,今之凉
城,在当时是拓跋珪的畿内田,是其统治的中心区域。

帝位,登上了;仪礼,完毕了。拓跋珪再次舞霜锋,指挥三军开
始征伐战争,以壮刚登帝位的声势。他兵分三路,从东、北、西三个
方向进军,到二月,"破高军杂种三十余部,获七万余口,马三十余
万匹,牛羊百四十余万。"拓跋仪率军在西北部穿过一千多里的沙
漠地带,大破西北部的部落。征虏将军庚岳在勃海一带大破张超
俘获甚众。在各路大军捷报频传的时候,拓跋珪率中军驻扎在了
牛川,派使者带财物奖赏各路大军。他在牛川南纵骑游猎。

这次魏帝拓跋珪在牛川住了近一个月,他在牛川遥相呼应各
路大军。拓跋仪、拓跋遵以及高凉王乐真等率军横扫高车诸部,斩
获颇丰。魏帝在他起事地牛川志满意得,将战利品大量封赐征战
有功人员,并且刻石记功。

征战的大捷,使拓跋珪获得了大量的人口与财物,于是他利用

这些人力与物力,大规模营建宫室。所建宫室气势宏伟,结构精巧,集南北之大成。经过十多个月的建设,规模宏大的太庙落成,拓跋珪将神元(力微)、平文(郁律)、昭成(什翼健)、献明(拓跋寔)等四人的神位供于太庙中。

天兴二年正月,拓跋珪利用征高车得胜获得的财物,营建宫室。对于这次大规模的皇家园林建设,史书这样记载,魏王"以所获高车众起鹿苑于南台阴,北距长城,东包白登,属之西山,广轮数十里,凿渠引武川水注入苑中,疏为三沟,分流宫城内外,又穿鸿雁池。"这年秋天七月,又建起了天华殿。八月,"增启京城十二门,作为武库。"十月,太庙成;十二月,天华殿成。第二年,他又"城南渠通于城内,作东西渔池。"七月,"起中天殿、玄武楼、凉风观、石池、鹿苑台等。在称帝的两三年间,拓跋珪的皇城建设有了很大的规模,这些宫室的建筑,集南北之风格。平城的建设,凝聚了各族人民的智慧。

一日,拓跋珪问群臣,你们说统治天下子民最有效的办法是什么? 一些人回答说是战马与利刃;另一些人说是教化,通过礼义廉耻、仁爱忠孝来教育感化百姓。拓跋珪认为二者缺一不可,尤其应以后者为重。他大量网罗文化人士,将国子太学生增到三千多人,设置《五经》群书博士。又收集儒生博士编《众文经》。当时中原地区,尤其是南朝,佛教成为重要的宗教,以佛教统治群众的思想,成为统治者重要的"文治"内容。拓跋珪也深受影响,设置专门机构,传播佛教思想。开设寺院,增加僧众。

拓跋珪称帝以后,常常想起燕主慕容垂来,这个令当时多少豪俊难望其项背的一代枭雄,在对待子孙上犯了一个大错。他把他的儿子们分别安置到重要地方,手握一方军政大权。结果他死后没几月,儿子们互相争位,手足相残;外敌入侵,不能团结共赴,终至亡国。博士公孙表给魏帝呈上了《韩非》，让魏帝以法令制度驾驭约束天下，尤其是皇族及有功人员。拓跋珪从中受到了许多启发，便加快了魏境内的法制化进程。但是出身于氏族部落的拓跋珪，制定法令制度的根本目的是维护皇权，惩戒那些对皇帝不忠不敬的人。左将军李栗性情粗鲁，在皇帝面前不拘小节，咳唾任情，结果被诛杀。群下因之震惊，再也不敢在皇帝面前我行我素了，皇权的威严得到了进一步地确立。

拓跋珪有一次与博士李先谈论。他问李先，天下最好的东西是什么，可以对人的神智有帮助，使人聪明。李先说，没有什么能够比得上书籍的。他又问，书籍有多少，如何才能够收集在一块呢。李先回答说，自从书籍产生以来，世上很快流传增多。到现在，天下之书多得不可胜数。但是陛下您爱好的书，只要一声令下，还用担忧不能够收集到吗？于是拓跋珪下令各郡县，大量收集书籍，将收集的书籍，造册登记，列出书目，全部送到平城。

通过近两年的努力，拓跋珪完成了迁都及称帝的工作。从深山老林走出的鲜卑拓跋民族，本来是一个原始的落后的部落，虽然其先辈们曾建代，有了较为强大的政权，可是一直是依附于他人的，直到拓跋珪牛川起事，复代建魏，后又称帝，才使鲜卑拓跋部成为了真正的北方霸主。在我国少数民族中，能够横扫北方，入主中原，建立起自己完整的国家政权，有较为完善的统治体系的，拓跋珪是具有开创意义的一个人，他创建的北魏政权，经几代人努力最终结束了十六国时期的长期混战、分裂的局面，统一了北部中国。虽然拓跋珪建立的北魏王朝，在很多地方有很大的缺陷，其个人也有许多悲剧的因素，但是作为中华历史上的伟大人物，对中华民族的贡献是功不可没的。

第八章 贼子弑父 道武陨落

与北魏、后燕同时，公元 386 年四月，羌人后代姚苌建后秦，称帝长安，控制了西到姑臧（今甘肃武威）、南到梁州（今陕西汉中）、东到今河南商丘南、北抵阴山的广大地区。公元 399 年，后秦军队攻克洛阳，声势甚壮。

面对日益强大的后秦，拓跋珪感到了威胁。但是也像一个十分老到的猎人又发现了新的猎物般，激起了他的猎获欲望。随着后燕被消灭，能与拓跋珪政权相抗衡的北方军事集团只有后秦了。

拓跋珪称帝后，一直没有立皇后。当时北魏有一个传统的习惯，谁想当皇后，必须先用铜为模，铸出人像以后才能册立。他们认为能够铸造出像的人，是大福大贵的人，能够给国家带来吉祥。拓跋珪本来贪好女色，每掠一部落、城郭，都要掳掠美女充入己官，所得妃妾，不下百人。这些人凭借自己的美色，各施所长，都想做一个正宫娘娘。但是女人于帝王，似乎总是旧不如新。最初，他纳刘头眷之女，册封为贵人，十分宠幸，生了皇子拓跋嗣（也有说，这个刘贵人是刘库仁之女，即是刘头眷侄女）。拓跋珪占中山后，又掳掠慕容氏，因其更年轻貌美，便得珪之专宠。在争夺皇后铸像的时候，刘氏所铸不成，慕容氏恰好铸成了像。于是在天兴三年（公元 400 年）三月，慕容氏被立为魏后。

拓跋珪消灭刘卫辰时，刘卫辰的小儿子刘勃勃逃到了薛干部，后转依没奕于,西秦王姚兴封他为安远将军。由于得到了后秦的支持,刘勃勃的势力逐渐恢复并且很快发展起来,他时常掠夺邻近魏部落的人畜财物,成为北魏西部边境的不安定因素。魏天兴四年十二月,拓跋珪命常山王拓跋遵、定陵公和跋率军袭击驻在高平(今甘肃固原)的后秦将军没奕于。第二年二月,拓跋遵率军进至高平,大败没奕于,掠其府库蓄积及牲畜十多万头(只)。没奕于被驱逐到了西部大漠深处,刘勃勃也引众退去。

拓跋珪称帝后,后秦曾于魏天兴三年四月派使到魏,向魏进献了大量财物,以修好两国关系。五月拓跋珪也派张济为使到后秦,最初两国的关系基本上是友好的。刘卫辰父子一直被拓跋珪视为最大的仇敌,必欲置之死地而后快。后秦收留了刘勃勃,是年轻气盛而势力正旺的魏帝拓跋珪所不能容忍的,他多次要求后秦将刘勃勃交到魏,并且提出以草地及财物换取刘勃勃,但均遭后秦主拒绝,拓跋珪十分气恼。魏、秦两国之间的摩擦序幕由此拉开了。

后秦对拓跋珪如鲠在喉,与后秦争夺土地财物,削弱后秦,成为北魏君臣上下图谋的事。有人建议向后秦求婚,求后秦宗室女为皇后,如果后秦应允,则与后秦结成联盟,共同征伐其他部落与国家,如果遭拒绝,正好借口出兵。拓跋珪采纳这条建议,便派北部大人贺狄干向后秦求婚。秦王姚兴(姚苌之子,姚苌于393年病死,姚兴继位)听说魏帝已立后,便拒绝了魏的要求,并将贺狄干扣留于长安,不让归魏,并且在一些人的唆使下,准备出兵伐魏。

公元402年五月,后秦主姚兴命尚书令姚晃辅太子姚泓守都城长安,派义阳公姚平、尚书仆射狄伯支等率步骑四万众为先锋伐魏,他自己率大军随后跟进。秦军攻占魏干壁(今山西临汾南),遂据柴壁(今山西襄汾西南),揭开了北魏建国以来与后秦两国间规模最大的一次战役——柴壁之战。

拓跋珪得到后秦入侵、攻占干壁的消息后大怒,在七月出兵拒敌,他派拓跋顺、长孙肥率六万精锐骑兵为先锋,自己又率大军随后进发,亲自督军攻击秦紧邻魏的郡县。姚兴也派他的弟弟姚平率军攻击魏国的平阳。

拓跋珪得知秦军进攻平阳,亲率大军长途奔袭,一举围困柴壁,将后秦先锋姚平数万军队包围。姚兴率四万七千多人前往救援,他打算占据天渡运粮来支援姚平。拓跋珪问计群臣,随军参谋李先说,现在敌军主要是两路。姚平占据柴壁,柴壁地势高,易守;姚兴想通过天渡来支援姚平。现在我们应该抢在姚兴前面,先占领天渡,围困柴壁,姚平不战可取。拓跋珪采纳李先建议,多重设围,内防姚平出,外防姚兴入。广武将军安同又出奇谋,建议魏帝设浮桥,渡过汾河,先打退姚兴的救兵,那么,姚平就成瓮中之鳖了。

于是,拓跋珪留下一部分部队围姚平,他自己亲率步骑三万余众,迎击姚兴。他令部众在汾河上架设浮桥,筑垒阻击秦军,在蒙坑之南大败秦之援军,姚兴退四十多里,姚平也不敢出战。魏军分兵几路守住了各处险要之地,秦援军无法接近柴壁,柴壁守军也无法外逃。

十月,姚平深陷重围,粮食已尽,只好乘夜率众突围。姚兴陈兵汾河西岸,他命令部队高举火把,鼓噪呐喊助威,但畏于魏军强大,不敢渡河而来。姚平突围不成,率部众凫水逃命。拓跋珪命擅于游泳的人用长钩来捕捉秦军将士,俘获秦军三万多人,姚平溺水而死。姚兴不能救举军痛哭,于是以放归贺钛干、割让土地为条件向魏请和。但拓跋珪不答应,继续进兵,他想一鼓作气,给后秦以重创,使其臣服。

面对危险的形势,后秦朝野慌乱,上下震惊。后秦将军姚绪献计说,北魏军虽然强大,但是他们远涉千里而来,所带粮草不多,全靠掠夺补给。我们要抓住魏军远战特点,利用坚壁清野之计,使魏军缺粮难进。另外,我们要与魏北部游牧部落柔然国联合,柔然虽然曾被魏打败,部分人众归附了魏,但是一直与魏有隙,常常叛魏。我们派人晓以利害,并厚赠其财物,让他们袭击魏后。那么,魏前后受敌,不得不撤了。姚兴采纳他的计策,让姚绪统军坚壁清野,正面以拒魏军。又派人游说柔然,使袭魏后。过了不久,魏军因粮草缺乏无法断续前进,而柔然又袭其后,无奈,拓跋珪只好与秦讲和,放还柴壁之战中所有的秦军俘虏。秦也放归了贺狄干。双方放弃武力,各归自己的属地。魏秦边境冲突至此而止。

与后秦讲和以后,拓跋珪集中兵力,平定一些游牧部落对魏境的骚扰。破黜弗、素古延等诸部,获战马三千余匹,牛羊七万余头(只);破木易于,获其辎重库藏,马四万余匹,骆驼、牦牛三千余头,牛羊九万多头(只)。拓跋珪的铁骑所向无敌,在北方大地上纵横驰骋。

一系列征伐战争的胜利,给拓跋珪的北魏王朝集聚了大量的财物。他继续广建宫室。建豺山宫、北宫等。征发大量民工,建垒南宫,门阙高十多丈,内里林苑琳琅,十分豪华讲究,代表了当时北方地区建筑的最高成就。他到处巡幸,狩猎、游览成为他重要的生活内容。

值得一提的是,他去世前的两年,先后三次到参合陂。公元407年五月,他北巡,"自参合陂边过蟠羊山、大雨",秋七月"车驾自濡源西幸参合陂"。第二年(公元408年)春天"行幸豺山宫,遂如参合陂,观鱼于延水,至牛川"。从《魏书》的这些记载,我们可以看到拓跋珪对他出生地参合陂一直是相当眷恋的,一有机会,总要到这草茂水丰的盐池湖畔来,或狩猎钓鱼,或练军讲武,或怀旧寻情。参合陂的山水草木给予了他的生命，也是维系他生命的源泉所在。

就在他最后一次到参合陂故地巡幸不久，他喜得皇孙拓跋焘。拓跋焘生下来哭声响亮，举止不俗，拓跋珪十分惊奇，高兴地说，今后成就我大业的人，一定是这个孩子。拓跋焘字佛狸，是北魏又一杰出君主，历史上称魏太武帝。正是这个十六岁继位的皇帝，破柔然、匈奴等部，攻克长安，彻底使北魏统一北方。南宋著名爱国主义诗人辛弃疾在其名词《京口北固亭怀古》中曾云"可堪回首，佛狸祠下，一片神鸦社鼓"。到了南宋，在瓜州仍建有佛狸祠，而且常使后人寄托情思，足见其人之伟业丰功。

鲜卑游牧民族在拓跋珪的领导下，建立起了自己的政权，但是在这个政权中得实惠最大的是贵族们，尤其是鲜卑拓跋皇族们。随着财富的增多，这些人的欲望也日益膨胀。战争的胜利规模越大，俘虏也就越多，皇帝经常把俘虏当作"生口"和马牛羊及其他财物赏赐给文武百官，叫作"隶户"。有的拨给了佛寺成了"僧祇户"和"佛图户"。王建跟从拓跋珪征伐刘卫辰立有大功，拓跋珪一次赐给他童隶五千户。类似于这种规模的赏赐，是经常发生的。鲜卑贵族可以合法地占有二百名奴隶，实际上，大贵族占有的奴隶多达几千，加上道武帝打败后燕后，大量迁民，一些移民便成为"隶户"赏赐给了百官。贵族家里，还有一个专门管理奴隶的"典师"。贵族们利用奴婢从事各种生产劳动，有织锦的、织绫的、织布的，有造酒的，有养猪牛羊的，有种菜的。

战争的胜利，富了统治者，肥了鲜卑贵族。被征服的各族人民，陆续被迁到魏境，有从东面来的，有从南面来的，有从朔漠来的，有的来自中原。人数众多的汉族民众也大量地迁入。被征服的民众，在这个地区，沦为农奴和牧奴。这些人与鲜卑统治者之间的矛盾,自 398 年以来,成为一个新的、突出的矛盾。随着征服战争的胜利、结束,矛盾也愈演愈烈。一些百姓常常发动起义,使地方不宁,也使拓跋珪不宁。拓跋珪一方面以军事手段镇压,另一方面,他约束贵族、官吏们,扼制其过度地剥削。登上皇位后,他经常派出专门人员,到州郡巡查,纠察不法,打击豪强与贪官污吏。

作为一个政治家,他力图缓和矛盾,发展生产,实现国家的稳定太平。但是鲜卑拓跋民族就其整体来说,是刚从氏族部落中走出来的,随着占领地的扩大,尤其是向南的扩展,逐渐靠近中原文明,统治能力面临新的挑战。对拓跋珪本人来说,也是一种全新的考验。

公元 404 年,拓跋珪亲临昭阳殿改补百官。因为当时拓跋珪建立的国家,虽然是封建国家,但还带有很大的过渡性,最初的最高权力机构是诸部大人议事,八部大人执掌朝柄,“分尚书三十六曹及外署,凡置三百六十曹,令八部大夫主之”。随着形势的发展,他逐渐觉察到部大人议事对于皇权的挑战。于是他从中央到地方,进一步完善官制。他以自己所封的官吏,取代原部落首领的位置。“离散诸部”是拓跋珪瓦解原部落首领独断一方的重要手段。他还仿效晋王朝的官制,按照官品,给全国的官吏们制作衣服和官帽。但是因为北魏王朝初建,虽然拓跋珪力求规范官制,但很多地方不完善,连官服官帽的制作,也有很多缺陷。

在官爵的分品上,他排列官爵为四等,王封为大郡,公封为小郡,侯封大县,子封小县。这次封赐,拓跋珪封王十人,公二十二人,侯七十九人,子一百零三人。其官品从第一到第四。从前有功但没封爵位的大臣,重新追封;又设散官五等,品位从第五到第九,一些文武将官的官品也比照第五到第九品。其官名多不用汉、魏(指三国时曹魏)的官名,而是仿照上古的龙官、鸟官。比如将主管考核、纠察等方面的官叫白鹭，取白鹭脖子长、望得远的意思；主管通讯联络等方面的官，谓之凫鸭，取其讯急意。

登国七年冬（公元392年），拓跋珪喜得皇子拓跋嗣。拓跋嗣是刘贵人所生。当年什翼健遇害，拓跋珪随母逃难到刘库仁处，因其与众不同的举止，引起刘库仁弟弟刘头眷的注意，便把女儿嫁给了他。由于刘氏父辈对拓跋珪一直恩礼有加，在拓跋珪最艰难时期，帮助拓跋珪，因而刘氏深受拓跋珪宠幸，在拓跋珪称帝后，被封为贵人，受命掌管后宫大小事务，先生华阴公主，后生了拓跋嗣。拓跋珪立拓跋嗣为齐王，加封为车骑大将军，位相国，拓跋珪明确了东宫太子。

拓跋珪生母贺氏，与拓跋珪逃难十多年，所幸拓跋珪九死一生中得到了皇位。在与后燕作战中，拓跋珪弟弟拓跋觚被燕拘囚，几年不能回来。贺氏由于思念最小的儿子拓跋觚郁闷成疾，忧愤而亡。拓跋珪十分悲痛，以隆重的礼节厚葬母亲，并且追谥母亲为献明皇后。

安葬贺皇后时，皇后有一幼妹。入宫为姐奔丧。拓跋珪这个姨母生得貌若天仙，倾城倾国，拓跋珪瞧入眼中，想占为己有。但因贺姨母已经嫁人，不能答应拓跋珪。拓跋珪偷情不得便动了杀心，秘密嘱咐刺客把姨父杀死。贺姨母做了寡妇，冤苦无从诉说，埋葬丈夫后不久，宫中差役便强逼入宫。贺姨母别无他法，只好进宫侍奉皇帝。这个贺姨母就是一些逸史上所说的引起燕魏参合陂大战的贺兰美女。

对于鲜卑民族的风尚，因其还带有原始氏族的浓厚气息，所以他们对于性比较开放。"以季春月大会于饶乐水上，饮晏毕，然后配合"（《魏书》）。鲜卑民族的女子们在婚前有一定的性行为自由。在春暖花开时日，青年男女们载歌载舞，你有情，我有意，便到一个地方成其乐事。一些资料对于贺姨母的美丽，大加赞赏。说她"云鬟修眉，唇齿鲜泽，明眸善睐，容光照人，罗衣灿烂，雍容华贵。"不少部落首领、大人们，为了争夺她，占有她，而大起刀兵。拓跋珪的母亲本来是一个美女，让许多人垂涎。但是连她也不得不承认她的妹妹"此过美"（《魏书·献明贺皇后传》）。这样的习俗，加之这样的人，我们就不难会推测到事件的发生了。拓跋珪强占其姨后不久，便使其姨怀孕，后来生下儿子拓跋绍。

可是也有这样的记载。说当初献明贺皇后还健在，有一次拓跋珪随同母亲贺皇后到了贺兰部，会见贺兰部的头面人物。贺皇后的妹妹也出来见拓跋珪。拓跋珪被其姨的美貌所动，向贺皇后说，希望纳入宫中。贺皇后说，不可以，这个人过于美貌，凡是太美的东西，一定会带来不好的结果，况且她已有丈夫，不可夺也。

结果，拓跋珪没有挡住美色的诱惑，置母亲的忠告于不顾，违人情逆常理，"密令人杀其夫而纳之，生清河王绍。终至大逆焉。"

其实，较为可信的，应该是后一种。贺皇后于皇始元年六月辞世，如果是贺姨母在葬姐时被拓跋珪瞧上，那么距离拓跋珪被害是十三年的时间，他们俩所生的儿子拓跋绍在弑父时也就在十一二岁的年龄上。而记载的拓跋绍十分凶残无赖，霸女无数，这样似乎与情理不符。《资治通鉴》记载说，拓跋绍弑父时"时年十六"，也就有力说明，拓跋珪强娶贺姨母不是在葬献明贺皇后时。

不管怎么说，有一点是结论性的，那就是，拓跋珪杀了他的姨夫，占有了他的姨姨，生了儿子拓跋绍。

但就是这个儿子拓跋绍，杀死了他的父亲拓跋珪。

也许是拓跋绍干出了忤逆不道的事吧，有关资料上，对这个人的记载，从外貌到心态，都是很不好的。说他长着毒蜂一样的眼睛，发着豺狼一样的声音，与他的母亲一点也不一样。我们也会纳闷,美貌无比的母亲,英勇尚武、雄才大略的父亲,怎么会生出如此的儿子呢。

更为过的是,他长大以后,凶狠无赖,不服教训,他基本上毫无一点建树。他以魏王公子的身份,经常带一些无赖地痞。斫狗杀猪,射鸡宰牛,横行街巷。有时充当盗贼,打劫财物不算,还要剥光人的衣服。其意也并非为财,只是图乐而已。抢、盗、砸、打是其行乐的主要内容,及到长大,见有美貌妇人,就要夺取。即使是大臣的家眷,只要被他看上,就要滋事。更令人发指的是,他以纣王为师。一日,他于街市上看到一个孕妇,便与手下人打赌,赌孕妇腹中胎儿性别,活生生将孕妇剖腹验胎。至于那些民间巷里的妇女,被其糟蹋的不计其数。人们畏之如虎狼,远远望见他,都想法躲避。

拓跋珪对于儿子的所作所为十分气恼,他采取强硬的手段,逼其改过。曾经把拓跋绍的双手反缚起来,头朝下吊在井中,等到他奄奄一息时,然后才放出。经过父亲的严厉管束,拓跋绍的恶习虽然有所收敛,但是心中对父亲十分仇恨。只是拓跋珪不知道,认为他有所改悔,封他做了清河王,征南大将军。他的哥哥拓跋嗣,也常常责备管束他,他对他的哥哥也恨之入骨。

魏晋时候,无论南方还是北方普遍盛行着服食丹药的习俗,一些清高的文人隐入山林,采药炼丹,求神求仙。一些贵族在府中也聘人炼丹,一方面寻求长生成仙,而另一方面也想强身健体。尤其是帝王公侯之流,家中妻妾成群,在外还要歌酒宿妓,因而广服丹药也想起到助阳壮肾作用。

当时在鲜卑民族中,有一种传统的风俗,在战争中,一般要把对方高过车轮的男子全部杀掉,将小孩及妇女掠夺回来。一场战争下来,尤其是消灭一个部落之后,随着成年男子的被屠杀,便有大量的女子被掠夺。大人将军们择年轻貌美的据为己有，皇帝也常常把战争中掠夺来的女子作为奖品赏赐给有功将士。拓跋珪曾经一次性赏给安同妻妾及侍女三十多人，以表彰他多次出使他国圆满完成任务。一些国家或部落的贡使们，诸如高车、柔然、贺兰及燕、秦等，在修好双方关系时，常以美女相互赠送对方的皇族成员及掌权之人。于是贵族们家中各地女子成群，她们争奇斗妍，千方百计诱惑他们。满足其淫奢的腐朽生活，服食丹药便在贵族中盛行开来。作为帝王的拓跋珪，随着权势的加重，妻妾妃嫔的增多，求术士服丹药、取补精神，也成为其生活必需。哪知丹药的性质大部是属于燥烈性的，愈服愈燥，愈燥愈厉害。于是拓跋珪丹药中毒，喜怒无常，与以前判若两人。

议曹郎董谧献《服饵仙经》，拓跋珪按照经书所说，设置仙人博士，修造仙坊，煮炼百药。为了方便炼药，提高药性，他专门封山，建供药与柴薪基地。药炼成后，让一些死囚试药，结果多数人中毒而死，可是他仍旧相信仙丹，访求不已。求仙人，服仙药，谋长寿，成为这时拓跋珪生活中的重要内容。

拓跋珪称帝后，诸部落、国家都来朝贡，纷纷归附魏，或与魏建立友好关系。这时拓跋珪的周围都没有他强大，对外战争减少了，但是，新的矛盾又出现了。代表新型的封建势力的皇族与代表原始落后的鲜卑贵族们经常发生冲突。尤其是贵族中一些人，心中觊觎皇帝宝座，一有机会，就叛乱，谋夺皇位。396 年，拓跋珪围攻中山，柏坞肆一役，拓跋珪丢衣失靴。一些失散的士卒逃回盛乐，国内传言他打了败仗，他的堂兄弟拓跋顺便在云中密谋夺取政权。贺兰部留在阴馆的贵族也乘机反叛。之后，阴谋篡夺拓跋珪王位的事件屡屡出现。一些州郡县也常常发生叛乱闹独立的事。因而，防止叛逆，巩固政权一直是拓跋珪的一件心头大事。

天兴三年(公元400年)十二月,拓跋珪下诏书告诫群臣做皇帝是天命所为,没有天命,谁妄图非分,就要遭殃。他一方面想阻塞群臣的非分之想,另一方面也想消灾应变。该诏书全文如下:

世俗谓汉高祖起于布衣而有天下,此未达其故也。夫刘承大统,旷世继德,有蛇龙之征,致云彩之应,五纬上聚,天人俱协,明革命之主,大运所钟,不可以非望求也。然狂狡之徒,所以颠蹶而不已者,诚惑于逐鹿之说,而迷于天命也,故有踵覆车之轨,蹈衅逆之踪,毒甚者倾州郡,害微者败邑里,至乃身死名颓,殃及九族,从乱随流死而不悔,岂不痛哉!《春秋》之义,大一统之,吴楚僭号,久加诛绝,君子贱其伪名,比之尘垢。自非继圣载德,天人合会,帝王之业,夫岂虚应。历观古今,不义而求非望者,徒丧其保家之道而伏刀锯之诛。有国有家者,诚能推废兴之有期,审天命之不易,察征应之潜授,杜竞逐之邪言,绝奸雄之僭肆,思多福于止足,则几于籍智矣。如此,则可以保荣辱于天年,流余庆于后世。夫然,故祸悖无缘而生,兵甲何因而起?凡厥来世,勖哉戒之,可不慎欤!

这时候,太史上奏说天象错乱,应加以防范。拓跋珪亲自看经文与占卜结果,多次变易官名,力图消灾避祸。在上一道诏书下达没几天,他又下一道诏书,告谕群臣说,"上古之治,尚德下名,有任而无爵,易治而事序,故邪谋息而不起,奸佞绝而不作。周姬之末,下凌上替,以号自定,以位制禄,卿世其官,大夫遂事,阳德不畅,议发家陪,故衅由此起,兵由此作。秦汉之弊,舍德崇侈,能否混杂,贤愚相乱,庶官失序,任非其人。于是忠义之道寝,廉耻之节废,退让之风绝,毁誉之义兴,莫不由乎贵尚名位,而祸败及之矣。古置三公,职大忧重,故曰'待罪宰相',将委任责成,非虚宠禄也。"他反复强调,要求群臣自己衡量自己的才能与力量,"故量己者,令终而义全;昧利者,身陷而名灭;利之与名,毁誉之疵竞;道之于德,神识之家宝。"要求群臣正确对待名利权位与道德的关系,"是故道义,治之本;名爵,治之末,名不本于道,不可以为宜,爵无补于时,不可以为用。"戒喻群臣讲道义,安于自己现状,不要贪图没必要的名位。

但是,一些鲜卑贵族,置拓跋珪两道诏书于不顾,仍然想图谋帝位。403年秋,镇西大将军、司徒校尉、毗陵王拓跋顺因欲谋乱,被赐死。接着又出现了拓跋仪和拓跋遵谋逆的事件,这两人过去都战功卓著。拓跋仪确实想造反图皇位,北魏天赐六年(公元409年)七月,他曾和穆崇图谋在皇宫周围伏甲士谋杀拓跋珪,没有成功,阴谋暴露失败后,拓跋珪一方面念其功,另一方面,这两人是朝廷重臣,党羽甚众,如予追究,牵连太多,怕不好收场,因而没有处以死罪。拓跋珪喜怒无常,拓跋仪越来越感到害怕,他总认为皇帝随时会诛杀他,便私自单人独骑出逃,"太祖使人追执之,遂赐死,葬以庶人礼"。有人考证说拓跋仪被流放赐死地,在凉城县境内蛮汉山区的东十号。这些事,表明皇权和贵族的矛盾已经白热化。

拓跋仪有十五个儿子(比拓跋珪多五子),这些儿子们在此后的北魏政权中,大都担任了重要的职位。

409年四月的一天,一声炸雷将拓跋珪的天安殿东厢房震毁。拓跋珪的占卜巫师们聚集在一起,各显神通,预测此事,多数人认为这是上天发出的警示,要求魏王认真做好预防工作。拓跋珪认为这是很不吉利的事,十分愤怒,便下令兵士用冲车撞击天安殿东西两厢的房屋,全部予以毁坏。"灾异数见,占者多言当有急变生肘腋。"拓跋珪忧闷不安。

据一些逸史记述说,拓跋珪有个巫师,深受拓跋珪信赖。每次出征,他都跟随,为拓跋珪占卜军情。其实,当时北方各国及其一些部落征战,都要带随军巫师,拓跋珪的这个巫师也如同其他国家的巫师。就是这个巫师给拓跋珪占卜说，皇帝将有横祸，唯有灭"清河"、杀"万人"才能免难避祸。受到巫师的启发，拓跋珪想起了一则关于秦始皇的传说。据说当年有个方士为秦始皇占卜，说"亡秦者，胡也"。秦始皇以为"胡"即是匈奴人，于是派大将蒙恬修筑长城，北却匈奴七百余里，使胡人不敢南下牧马。但最终结果是秦始皇被儿子串通左人大臣所灭。"胡"非北方胡人，而是儿子秦二世胡亥也。拓跋珪认定，他的威胁来自内部。他按巫师的话，决定"灭清河、杀万人"。

巫师的一句话，使多少人遭受了飞来横祸。魏境有郡名叫清河，拓跋珪下令屠杀整郡人，彻底消灭"清河"。但是如何杀"万人"呢？既然没有"万人"这一块地方，那就杀够一万个人吧！

于是残酷的杀戮在魏境内盛行开来，不少无辜成为了那个巫师谶言的牺牲品。

六月盛夏，酷暑难耐，加之心烦气躁，太医给他服寒食散。一直服侍他的太医阴羌，这时不幸死去。由于常年服食丹药，拓跋珪中毒的程度越来越深。阴羌之死，使他失去了太医的指导，药中毒现象经常发生。加上当时许多矛盾交织，使他变得十分异常。有时整天不吃饭，有时又整夜不睡觉，认为左右的人都不可靠。他常常一个人独语不止，好像和鬼怪在说话。侍奉他的人，有时因为脸色不对，或出气不匀，或者走路没走对，或者说话不对，都要惨遭杀害。

这时的拓跋珪与以前判若两人，变得十分多疑且嗜杀起来。朝臣到了面前，言辞稍有不慎，他便认为"怀恶在心，变见于外，乃手自殴击"，横加杀害。杀死的朝臣都陈列在天安殿前，不准人收尸。一些有功大臣，也常无故被杀戮。

贺狄干很长一段时间出使后秦，住在长安，他十分仰慕儒家文化,常常关闭房门整天读儒家经史,深受儒家思想教化,一举一动如同儒生。等到他回到平城,拓跋珪看到他言谈举止服饰打扮如同后秦人一般,认为他效仿后秦,背叛了国家,是对鲜卑拓跋民族的大不敬,便连同其弟一同杀死。

这时拓跋珪大力发展特务组织。他称帝增补百官时,专设有侯官,侯官的职能就是监督百官,收集其所作所为向皇帝汇报。但是随着拓跋珪对于群臣疑心的加重,这人便专门刺探、收集百官的"不臣之言行",上报皇帝。一次有人告密拓跋珪说,"司空庚岳服饰鲜丽,行止风采,拟则人君",于是拓跋珪便杀了庚岳。

当初,窟咄从西燕返回代,与拓跋珪争王位。由于窟咄既强大,又得刘显帮助,更重要的是他是什翼健的儿子,所以多数人认为窟咄将获胜继代王位。莫题认为拓跋珪年少,不敌其叔父窟咄,王位将被窟咄取代。便暗地里以箭系书射入窟咄军营,书曰"三岁犊岂胜重载邪?"意思是说,拓跋珪年龄小,不能胜任代王。拓跋珪知道这件事后,一直记在心里,如鲠在喉。只是因为莫题在代地很有影响,拓跋珪的王朝初创,稳定是第一位的,因而没有对莫题治罪。尤其是皇始二年,拓跋珪在与后燕交战中受挫,留守云中的拓跋顺想起兵作乱,被莫题制止。拓跋珪常念其功,对莫题信任有加。但此一时,彼一时,这时他觉得江山稳定了,而巫师说魏最大的危险是有人对皇帝不忠,想图谋帝位。这样又引燃了拓跋珪的多疑之火,想起了莫题当年与窟咄勾结的事,恰好于天赐五年(408年)十二月,有人告发莫题"居处倨傲,拟则人主",拓跋珪便找了一支箭,派人送给莫题,并且对他说"三岁犊果如何?"

莫题父子知大祸临头,在家中相对而泣,第二天在上朝 时,拓跋珪便"收斩之"。

于是,北魏举国上下,人人自危。

毛泽东在读到拓跋珪杀莫题、贺狄干、李栗、和跋等人的史料时，曾批下了"冤哉枉也"四字。对拓跋珪这种以"莫须有"罪名惨杀有功大臣，毛泽东深感痛心。

对于北魏当时的情况，《北史》有这样的一段话："朝野人情各怀危惧，有司废怠，莫相督摄，百工偷劫，盗贼公行，巷里之间，人为稀少"。我们可以想象到那时候情况之恶劣。

拓跋珪知道了这些情况后，他说，这是我过于放纵他们造成的。现在天象不好，怕出事，我姑且就让他们乱一年，到明年，天象变好了，我再整顿不迟。当时，一些术士们说天道有变，不利于皇帝，拓跋珪相信了他们的话。对于那些偷盗劫掠、杀人放火等不法之徒，没有像以前那样予以重处，而是放任自流。而对与他意见不相一致的人，尤其是朝中大臣及一些大族却采取了血腥的手段，予以镇压。最典型的是慕容氏支属百余家想外逃被发觉，杀死的人达三百多人。

另一方面，随着征服战争进入一个阶段后，拓跋珪统治了广大的经济文化较先进的地区，他用鲜卑贵族和汉族大姓（立有军功的及其他方面有功的人员）做州刺史和郡太守，一个州有三个刺史，其中两个鲜卑贵族、一个汉族地主。郡置三太守，县置三令长。北魏自从建立以来，对文武百官不给俸禄，鲜卑将士在战争中大量掳掠，牛羊、珍宝、粮帛、人口都成了掳掠的对象。皇帝也经常把战争中的俘虏及其他东西赏赐给群臣。现在对外战争减少了，贵族官僚们掳掠物品也少了，于是战时的掳掠在平时以贪污的形式维持下去。而汉族的封建俸禄制对鲜卑人来说，还没有接受。拓跋珪严明惩罚贪污，在一定程度上激化了贵族与朝廷的矛盾。

五胡十六国时期，是中华历史上朝代更迭，改元频繁时期，由于君位传承引发的动乱也十分频繁。其时北方地区各少数民族部落既为联盟，又世代为婚，这样母族的力量成为君位传承中举足轻重的力量。北魏建国后，虽然吸纳汉文化，逐步修订完善了国家的法令制度，但对于皇位的继承还尚未确立一套行之有效的政策，储君的册立和登基往往有赖于母后和母族的强大，可谓"母强子立"。拓跋珪即位，即依赖于母后及舅族的干预和支持。但随着帝国的强大，这种母族干预朝政，成为尾大不掉。拓跋珪深刻认识到这种弊端，便通过战争的手段，使母族贺兰部、妻族独孤部、祖母族慕容部相继削弱或离散，并且使鲜卑拓跋族"子贵母死"制度成为了易君立嗣的惯例。

"子贵母死"，即是在皇帝确立嗣子时，先杀掉嗣子母，以防止母后操纵儿子把持朝政。因此北魏历史上就出现了这种令人非思而深感惨痛的事，儿子要登上王位，必须踏着母亲的鲜血。这种逆人情非人道的行为，当时的史学家就有评述说，"子贵母死，矫枉之义，不亦过哉！"但即使是这样，仍然出现了著名的冯太后这样的人，她把献文帝和孝文帝先后控制在自己的手中，皇帝也只能听她的摆布。因为皇帝的生母虽然死了，但还有其他皇太后和先皇帝的妃子可以控制政权，甚至还有所谓的保太后，即是皇帝的保姆。

拓跋珪的母亲贺氏，在拓跋珪称代王时，也有人提出要贺氏自裁，甚至后来有人说贺氏在拓跋珪登上王位后依规矩自裁了。但是据《资治通鉴》、《魏书》、《北史》等记载，贺氏是病死的，活了四十六岁。贺氏没必要自裁，一方面，拓跋珪是开国皇帝，另一方面新生的代政权还要依靠贺兰部。但是拓跋珪之后的皇帝们就不一样了，拓跋珪从自身的遭遇得到了启发，他为了防止母后、外戚专权，立下了一条制度，凡皇子被立为皇嗣子者，其母必须自裁。

天兴二年（公元403年）拓跋珪将长子拓跋嗣封为齐王，后来又立为太子。按照规定拓跋嗣的母亲刘氏将要被赐死，因为刘氏深受拓跋珪宠爱，便没有在册立儿子为太子时自裁，一直拖延了六七年。现在拓跋珪喜怒无常，忽然想起了这件事，便依例要将刘氏赐死。他先关押了刘氏，又找来儿子拓跋嗣，安慰儿子说，过去汉武帝将要立太子（指汉武帝立弗陵为太子）而杀其母（弗陵母钩弋夫人），实在是恐怕妇人参政，所以及早加以防范，今后你要继承皇位，我不得不替你考虑，先效仿汉武帝了。拓跋嗣天性慈善，对母亲很孝敬，听到父亲的话，十分悲痛，当着拓跋珪的面失声痛哭。拓跋珪反复给儿子讲其中的道理，但爱母至深的拓跋嗣，一直哭泣哀求不已，拓跋珪很不高兴，把他斥退。

拓跋嗣回到东宫后，想着母亲即将被处死，想见母亲一面又不能够，于是他昼夜哭泣不止。拓跋珪听到后，又派人招儿子。对于现在反复无常的魏主，人们对每次的被召见都十分害怕。拓跋嗣的侍卫谋臣怕他进宫见皇帝出事，劝阻拓跋嗣不要贸然进去，"上怒甚，入将不测，不如且避之，俟上怒鲜而人。"于是他托病不去见父亲。又有人对他说，作为儿子，父亲有小的责备，当接受，有小的体罚，也应当接受。但是大的事情，应该自己做出决断。如今皇帝喜怒无常，被杀的臣子越来越多，你作为王嗣子，一旦有不测，将殃及社稷，其中利害关系，嗣子应区分轻重，对于可能发生的一些事情，应有所准备。于是，拓跋嗣逃到外面，随从只带了王洛儿、车路头两人。

拓跋绍的母亲贺氏偶然忤逆了拓跋珪的意旨，拓跋珪便想杀贺氏，吓得贺氏急忙逃避到冷宫（也有说，已经被拓跋珪囚禁到了冷宫中）。这时正好天色已晚，他没有立刻杀贺氏，扬言说明天一早处死贺氏。贺氏急忙派遣侍女，报告给拓跋绍，让儿子想法救他。

拓跋绍本来对父亲满腹仇恨，兄长立嗣，使他与皇位无缘，对父兄充满了敌意，待机图谋他们。现在他又听得母亲将要被处死，气得双目直竖，五内俱焚。于是召集心腹，贿赂宫女宦官，让他们作为内应，趁着天黑夜静，跳过墙进入内宫。这时宫内已经有人做向导，他们直接引着杀手冲入拓跋珪的住宿地天安殿。

这时的拓跋珪已经入睡。外面的喊杀声，惊动了左右的侍卫，齐声高呼"贼至"。呼喊声惊醒了拓跋珪，他一跃而起，四处寻找刀剑，可是卧室内没有。拓跋绍带着杀手们已经冲杀进来，在其他人面对皇帝还迟疑不决、难以下手时，拓跋绍已经对父亲挥起了屠刀，赤手空拳的拓跋珪终于被害，享年三十九岁。这时是公元409年十一月六日，拓跋珪，这样一代伟大的鲜卑大帝，也像其先辈那样死在宫廷内部的权力争夺中。

拓跋珪之死，也吻合了那个巫师的预言。拓跋珪有一个妃子叫万人，因为在那时女人是"姓＋氏"的称谓法，万人也就常叫万氏。这个万氏风姿绰雅，是一个中原的女子。她被拓跋绍看上，两人你有情我有意，便暗中勾搭成奸。万氏让拓跋绍彻底昏了头，不顾利害，来往了几年。但他们明白这事一旦被皇帝知道，那结果是可想而知的，尤其是这时的拓跋珪神志近乎疯狂。拓跋绍怕奸情暴露，加之对父亲的仇恨，便阴谋弑父。这天拓跋珪正好在万氏处，拓跋绍便与万氏内外勾结杀死了拓跋珪。

拓跋绍被封为清河王，巫师让拓跋珪"灭清河、杀万人"原来是应验在这二人的身上。现在我们已经无法知道拓跋珪临难时面对儿子清河王拓跋绍的弯刀与身边的万氏，该是怎样的一种心态，是恍然大悟，还是懊悔不迭？但是这位雄霸北方的一代草原英雄，却过早走完了他的人生路，惨死在他的逆子手中。对于拓跋绍这种罪恶的行径，当时有人这样说，"知母忘父，盖亦禽兽，元绍其人，此之不若"。

拓跋绍杀死了他的父亲,便寻找他的母亲贺氏。贺氏问明情况况后,也大吃一惊,急忙去看拓跋珪,果然被杀死。不由大哭起来,他让他的儿子救她,也并非是让其杀父。当年拓跋珪被贺氏的美貌所动,杀姨父夺姨母,结果生逆子伏祸根。拓跋珪母亲评价其妹妹说,这个女人过于美丽,凡是美丽的东西必然带来不好的结果,让拓跋珪别打主意。事实果不出其所料。

第二天,宫门到了中午还没开。拓跋绍假托诏书,将百官召集在端门前,他不敢直面见百官,而是从门缝中问他们,我有叔父,也有兄长,你们愿意听从谁的?众人听到这句话后皆大惊失色,没有人回答。过了很长一段时间,长孙嵩说,我们听从大王的。拓跋绍才说出,大王晏驾了。众臣这才知道皇帝出事了,但是因为不明情况,没有谁敢出声。拓跋仪的弟弟拓跋烈大哭而去。

魏帝死讯传出后,人心不安,部落各怀异志。首先是贺兰部反叛,肥如侯贺护在安阳城以为皇帝声援作借口举兵,贺兰部众都追附他,其他各部落的人也相互串联屯兵欲动。拓跋绍知情况不对头,拿出大量的财物赐给王公大臣,想稳定大臣们,最多的赠布帛达数百匹,最少的也有十几匹。但成效甚微,局势越来越乱。

太子嗣闻变,从外面潜伏回城中,他不敢入宫中,住在王洛儿家中,王洛儿的邻居李道暗里给拓跋嗣送水送饭传递情报。城中百姓知道太子回来了,十分高兴,他们保护太子,向外联络大臣,递送情报。拓跋绍听说后,便派人刺杀拓跋嗣,拓跋嗣又外逃到了山中藏起来。他们抓住了李道,逼问拓跋嗣的去处,李道闭口不言,被杀。

拓跋绍的罪恶行径,引起了所有人的愤怒。魏猎郎叔孙俊与拓跋磨浑想探查拓跋绍宫中动静,以便想法除掉拓跋绍。他二人进入拓跋绍的宫中对拓跋绍说,他们知道太子嗣的藏身地方,愿意带人捉拿太子。拓跋绍便派人跟着二人去捉拿太子嗣,但这些人却被叔孙俊与磨浑全部捉拿绑送到了太子嗣那儿。二人详细向太子嗣汇报了拓跋绍宫中的情况。大家共同分析形势,认为拓跋绍大逆不道,已众叛亲离。太子应该站出来振臂一呼,以除国贼。长久不露面,会给人造成不好影响,一些别有用心的人会出面作乱,到那时国事将不可收拾。太子嗣采纳他们的建议,于西城门在众目睽睽下进入官城。城中百姓和军士听说太子要诛灭乱臣贼子,争相随从。

王洛儿替太子向安远将军安同等报信,让他们迅速讨逆。安同出面,号令宫中卫士,慷慨陈述讨逆的重要。要求士兵们听从太子号令,平定叛贼,为死去的皇帝复仇。士兵们没有不乐意跟从的,于是一齐拥入皇宫,搜捕拓跋绍及其党羽。宫中卫士绝大多数跟随安同,很快就将拓跋绍抓获,交给安同。安同迎接拓跋嗣登位,向天下宣布了拓跋绍的罪恶行径,拓跋嗣命令将其立即斩首。他的母亲贺氏及做内应的宦官宫人,也一并被处死。那些最先冲进拓跋珪寝宫的叛乱者,被押到城南,群臣"于城南都街生脔割而食之"。足见当时人们对叛乱者的仇恨。

拓跋嗣做了北魏第二任皇帝,史称魏明帝。他追尊刘贵人为宣穆皇后。对积极平叛的有功人员予以封赐,封王洛儿、车路头为散骑常侍,叔孙俊为卫将军,拓跋磨浑为尚书。下诏让长孙嵩、安同、奚斤、崔宏、拓跋屈(磨浑之父)等共听朝政。改元永兴,大赦天下。第二年秋,拓跋嗣将拓跋珪安葬于盛乐金陵。谥拓跋珪为宣武帝,庙号太祖,后改谥道武帝。

第九章　青史永垂　伟业长存

北魏从开国皇帝拓跋珪建国（公元386年）始，到北魏的最后一个皇帝孝武帝在长安宫服毒而亡（公元534年）止，北魏前后共经历了一百四十八年。魏晋时期，是我国历史上民族融合空前时期，同时也是战乱较多、社会动荡不安，人民群众困苦不堪的时期。拓跋珪创北魏，为统一北方奠定了基础。拓跋珪死后，他的后代皇帝们继续以军事的手段，推进着北方地区政治、经济的发展，其中最著名的有拓跋焘和拓跋宏。

拓跋焘继续发动了对北方地区游牧部落的战争。公元429年，打败柔然。柔然部落势力鼎盛时控制了东到朝鲜，北到现在贝加尔湖，西到焉耆（现在新疆焉耆回族自治县）的广大地区。北魏对这些地方的占领，稳固了北方局势，其历史意义是深远的。拓跋宏史称孝文帝，五岁继位，三十三岁病死。孝文帝的改革，在中国历史上历来被史家们啧啧称道，对中华文化及中华民族的发展做出了巨大的贡献。

拓跋珪作为鲜卑民族的杰出代表，是值得讴歌的。他虽然出身皇室贵族，但幼年不幸，生父被杀，国破家亡，随母颠沛流离，在九死一生中百折不挠，发愤振兴邦国。他以一个政治家的眼光经营部落、巩固壮大自己的政权；他以一个军事家的胆略，率部征伐，指挥了参合陂、中山、柴壁等战役。一些战役至今仍为经典；他以一个改革家的睿智,推进了北方游牧民族汉化进程,包容并蓄中原文明成果。起自于氏族部落的拓跋部,在什翼健时才有农业,但到拓跋珪时便立国称帝,是极具传奇色彩的。

拓跋珪对北方地区经济的发展起了极大地推动作用。逐水草而居的游牧民族,在拓跋珪强大的军事力量作用下,迅速完成了由氏族部落向封建社会的过渡。东起濡源(现在河北平宁县),西到五原,东西一千多公里的地方,原来是一个广阔的牧场,那里的人民长期停留在落后的社会发展阶段,在强大的北魏政治力量支持下,生产关系飞速发展。尤其是拓跋珪利用军事手段,在盛乐周边和大黑河两岸实行屯垦,为游牧的鲜卑拓跋民族,注入了农耕的内容。394 年,拓跋珪授命拓跋仪在现在的河套地区"屯田"。肥沃的河套平原为种地的人带来了丰厚的收入,大大高于过去畜牧的利益,居无定所的游牧民族,有了自己的土地与家园,生活的质量空前提高,因而"大得人心"(《魏书》)。

后燕被消灭后,拓跋珪移民进程进一步加快。他从汉族居住地区迁来几十万汉族和其他各族人民在平城附近"计口授田",分给他们土地和耕牛,强迫他们从事农业劳动,平城附近还被划为"王畿"。"王畿"之外,又有所谓的"方"、"维",由皇帝直接派员管理。四个"方",四个"维",合起来称"八国",管理这些地方的官员叫作"八部大夫"或"八部帅"。原来逐水草而居、以游牧业为主的鲜卑人,在"方"、"维"定居下来,或从事畜牧业,或从事种植业。

从前的部落首领被皇帝任命的官员所代替,他们的主要任务是监督和劝课农耕,朝廷按照各地收入的多少来考核官员的政绩。拓跋珪破天荒地以行政命令手段将拓跋部的官员考核与人民生产、生活紧密联系起来。其后,孝文帝拓跋宏进行了农业土地方面的改革,使北方地区的经济在体制上有了更进一步的发展保障。

拓跋珪有力地推进了北方地区民族大融合的进程。魏晋时期,战乱频繁,民族融合进程加快,拓跋珪顺应时代潮流,着力推进民族大融合进程。拓跋珪复代称王,在慕容垂的支援下,先后吞并高车、贺兰、纥奚、独孤等部落。在大肆掳掠人畜、财物中,也使这些地区原来落后的原始氏族部落的生产生活方式迅速解体。各部落人民群众互通婚姻,杂居生活。从拓跋珪自身来说,他十分向往中原文化。最初起事后,他嫌牛川地僻,不足有为,便迁都盛乐,而后又迁到平城。随着势力的扩大,他逐渐向东、向南发展,也不断地酝酿迁都计划,想将都城迁到中原地区,但因种种原因未能实现。面对中原浑厚灿烂的农耕文明,拓跋珪以最大的热情,积极投入,为之作了不懈的奋斗。

　　拓跋珪迁都平城,为松漠草原上的鲜卑民族向南发展,与中原农耕文明相接触、相融合迈出了至关重要的一步。史载,太祖欲广建宫室,规划了平城四方几十里,想按照洛阳、长安的形式,建设自己的都城。因为莫题有规划设计等方面的才能,便让他负责该项工作。平城分皇城、外城、郭城二十多里,外郭周围三十多里,开有十二门。其宫室数目之多,布局之谨严、规划之完整是前所未有的。平城内的寺庙,竟然达百余所,居有僧人三千多。从天兴元年起到孝文帝太和十八年止,九十六年的时间里,这里先后历经了北魏六个皇帝,成为了北方地区政治、经济、文化中心,人口达百余万。现在山西大同市的城北有断断续续土夯城墙遗址,最高五米,最低有一米多,底部约有十多米宽。据考证,这是魏都平城之北墙。1987年,平城遗址被列为全国重点文物保护单位。

　　孝文帝亲政后于494年迁都洛阳,使北魏的迁都工作画上了一个圆满的句号。从平城迁都到洛阳的人叫"代迁户",总户数约有一百多万人,其中有十五万人被编为禁卫军。一部分拓跋部人以及北边其他各族人民,在中原地区定居下来。接着朝廷又下令禁止鲜卑服装,要求鲜卑人改穿汉服,禁说鲜卑话,要改说汉话。"代迁户"都在洛阳落籍,死后葬在洛阳北面的山上,不允许再北运。皇室成员与汉族大臣们通婚,皇室公主下嫁汉族大臣,汉族大臣的女子也可以配皇室男子。而且为了笼络一汉族大臣,皇帝经常将宗室女嫁给汉族大臣。到后来索性将鲜卑姓改成汉姓。主要有九个姓,列录如下:

鲜卑姓	汉　姓
拓跋	元
拔拔	长孙
丘穆陵	穆
步六孤	陆
贺赖	贺
独孤	刘
尉迟	尉
纥稽	嵇
勿忸于	于

这样鲜卑民族进一步汉化了。

拓跋珪在鲜卑民族汉化过程中,是起先导作用的。398年,拓跋珪在平城建都,移六州二十二郡守边豪杰、吏民两千多家于代郡。十六国时期,各族统治者纷纷迁移民户,但没有一个有拓跋魏这样的规模。398年打败后燕后,拓跋珪又从后燕境内(今河北、山东)迁来汉族、高丽族等三十六万人,加上"百工技巧"(手工业工匠),共达四十六万人。大规模的迁徙,在北魏执政期间在二十次以上。被迁来的各族人民,叫作"新民"。有的"计口授田",在国有土地上用官府的牛力耕种土地;有的被保留原有的部落组织,在指定的牧场上放牧;有的被拨到了军队里服役,或者进入寺庙。各族群众以其聪明才智促进了中华文明的发展。

拓跋珪建北魏王朝,在更大的舞台上推进了中华文化的发展。草原文化、农耕文化相互磨合碰撞。我们从审美的角度去观察和体味草原,首要的是草原的空间环境,苍茫辽阔,人在这里显得是那样的渺小。因而天人合一,崇尚自然,崇拜英雄成为了草原文化的重要内容。

> 敕勒川,阴山下,
>
> 天似穹庐,笼盖四野。
>
> 天苍苍,野茫茫,
>
> 风吹草低见牛羊。

这首妇孺皆知的《敕勒歌》是北魏时期的杰出民歌,是形声兼备的草原,就在这样的背景下,一群铁骑在阴山下突起,兼并群雄,他们越过茫茫草原,翻过绵绵阴山,如疾风暴雨般南下东进,随着军马铁蹄迅速与中原文化碰撞、交融。

在涉猎草原文化与草原英雄中,首推的当是成吉思汗。欧洲人称其为"世界之鞭",美洲人说他是"人类之王",而中国人说他是"一代天骄"。美国人依据"由谁缩小地球、拉近世界"的原则,将成吉思汗评为人类文明史上第二个千年(1000–1999)"风云第一人"。成吉思汗出生贵族,黄金家族,但是他生于战乱,长于难中。九岁丧父,被逐出族,跟随母亲死里逃生,百折不挠。他十四五岁时率部开始与其他部落争战,二十七岁时成为部落首领,三十五岁建蒙古汗国,在位二十二年。拓跋珪同样出生贵族,生而丧父,六岁祖父遇害,随母到处流浪,九死一生。十六岁时继代王位,率领拓跋部征伐四方,纵横草原。二十八岁时称帝,连同代王位,总共在位二十四年。但是成吉思汗比拓跋珪要晚近八百年，而且其寿命也比拓跋珪多了二十七年。拓跋珪也是当之无愧的草原风云人物，有人称其为草原第一帝。

唐人杜牧有著名的《江南春绝句》，诗曰：

千里莺啼绿映红，

水村山郭酒旗风。

南朝四百八十寺，

多少楼台烟雨中。

读这首诗我们想到的是南朝广建佛寺的事。

魏晋南北朝时期，社会动荡，战乱连年，人民痛苦无告。一些士大夫在动荡中也无所头绪，于是各种思想盛行，也易于接受宗教信仰。佛教宣扬的灵魂不灭、生死轮回、因果报应，为苦难中挣扎的穷苦百姓找到了一条精神解脱的道路，也适合统治者加强思想控制的需要，因而佛教空前盛行。南朝的梁在宋、齐、梁、陈四个朝代中，佛寺、僧尼最多，僧尼最多的时候达八万两千人，佛寺有两千八百多所。

鲜卑族对佛教本不太了解，"与西域殊绝，莫能往来，故浮屠之教，未之得闻，或闻而未信也"（《魏书》）。拓跋珪在向南向东征伐中，接触到一些佛寺和僧侣，他本人读过一些

佛典，并且逐渐了解，爱好了黄老之说。在进军后燕时，凡是见到沙门、道士，都十分虔诚地致意，严格下令军士不得对佛寺及僧众有所侵害。当他听说泰山有一个高僧叫僧郎，其人堪为天下僧众之楷模后，便派人给僧朗送去了一封信以及一些礼品，称他"德同海岳，神算遐长"，希望他帮助鲜卑人平定天下。

天兴元年他下诏书说，"夫佛法之兴，其来远矣！济益之功，冥及存设，神踪遗轨，信可依凭。其敕有司，于京城建饰容范，修整宫舍，令信向之徒，有所居止。"他明确地下令在京城建寺，使相信佛教之说的人众有寺所居。于是，"始作五级浮屠、耆崛山及须弥殿，加以缋饰，别构讲堂、禅堂及沙门座，莫不严具焉"。皇始年中，他下诏让沙门道法果进京，令其担任道人统，绾摄僧徒。道武帝对法果十分厚爱，供给他的东西十分丰厚，经常与法果谈论佛法及治国之事，意趣吻合。法果对道武帝也十分尊敬，他常对人说，能够弘扬佛法的是皇上，当今皇上是如同如来佛一般的人，我拜皇上并不是拜天子，是因为对佛法衷崇啊！在拓跋嗣继位后，对法果更加崇敬了。

皇帝的重视，使天下僧众纷纷入魏境。拓跋珪建北魏没几年，僧尼人数很快增多。到北魏中期，僧尼人数达到七万七千人，佛寺六千四百多所。到了北魏末期，僧尼人数达到二百万人，寺庙多达三万多所。

僧人与寺庙的增加，催生了佛像的雕刻。北魏时期是我国历史上摩崖石窟雕刻的一个高峰时期。北魏的摩崖石窟分布很广，从甘肃到辽宁都有。现在发现的甘肃敦煌、天水麦积山石窟，山西大同的云冈石窟、太原的天龙山万佛洞，河南洛阳的龙门石窟、永嘉的炳灵寺石窟，河南巩义的石窟寺等，代表了当时雕刻艺术的最高水平，也是当今世界驰名的雕刻艺术宝库。而其中山西大同的云冈石窟和河南洛阳的龙门石窟,就是拓跋魏最典型的两大石窟群。

云冈石窟位于大同市西武周山西麓,东西连绵一公里。在北魏中期着手建筑,一直延续了一百多年,后来唐朝时再次进行大规模建筑。现存的主要洞窟五十多个,雕刻了五万个佛像、飞天和供养人,还有许多飞鸟异兽、楼台宝塔、树木花草等浮雕图像。石佛有的高大魁伟,有的容貌庄严,有的体态安详。其中第二十窟的露天大佛高达十三点七米,造型雄伟,面部丰满而柔和,双肩宽厚,是云冈石窟雕刻艺术的代表作品。

云冈石窟的开凿雕琢,花费了大量的人力物力。据记载,单单是工匠们一天所需的米面及盐巴,就达一万五千斗,一天吃掉的辣椒就有五斗。经过五年的雕琢,才雕成昙曜五窟。鲁迅将云冈石窟与长城相并论,称赞他是中国伟大的艺术。

魏孝文帝迁都洛阳以后,人们依照云冈石窟,在洛阳南面的伊水西岸,开凿了龙门石窟。石窟里的佛像,鼻高、目长、唇厚,面颊丰满,双肩宽阔,体态端

庄,衣服褶纹棱角分明。云岗佛像受西域造像艺术影响,佛面方圆,两肩齐平,深目高鼻,衣纹厚重凸起,线条简洁,是典型的胡人形象。而到了龙门石窟,无论佛像造型,还是龛饰壁雕,都具有中原文化的特征。

两大石窟被联合国教科文组织命名为世界文化遗产。

龙门石窟自开凿至今一千五百多年来,以其具备有目共睹的艺术价值和经济价值,一直为海内外各方所关注。2005年秋,有关部门从海外征集了七件流失的佛像造像,其中有北魏风格的弥勒头像一件,是被盗八十多年后回归合璧。这件古阳洞高树龛北魏释尊佛,不仅具有极高的艺术品位,而且还是著名杨大眼大龛上方一列小型龛中唯一存世的一件主尊佛首,该龛左侧"造像记"为赫赫有名的北魏书法"龙门二十品"之一,是魏碑中之佼佼者。

在书法艺术中,魏碑占有重要的席位,每个有志于书法艺术的人,总要临摹一下魏碑。魏晋时期,我国书法艺术达到了一个高峰,书圣王羲之便是东晋时期杰出的书法家。他虽在东晋,足迹未至北方,但是肯定一点,魏碑的书法艺术对其定有很大的影响。现在研究书法,总说到魏碑,魏碑主要有两大类,一类是佛教的造像题记,一类是民间的墓志铭。康有为对魏碑评价极高,认为魏碑字

有十美"一曰魄力雄强;二曰气象浑穆;三曰笔法跳越;四曰点画峻厚;五曰意太奇逸;六曰精神飞动;七曰兴趣酣足;八曰骨法洞达;九曰结构天成;十曰血肉丰美"。并且说这十美,只

有魏碑、南碑有之。至于《石门铭》摩崖碑、《新猛龙碑》等北魏书法名碑，一直为历代书法家所重视。现在所流传的《龙门二十品》为北魏时期书法的代表作，是魏碑书法的精华。

作为楷书一种的魏碑，曾经很长一段时间被人遗忘。在唐楷因有欧阳询、褚遂良、颜真卿、柳公权等大家的推动，发展成为一个庞大的书体家族后，一直主宰着唐、宋、元、明、清的书体地位。清末有人在龙门石窟中发现了"造像记"，这"造像记"是石匠们在花费了巨大精力完成一尊佛像后，随手在不显眼的地方刻下的。但就是工匠们的这随意之笔，却以其雄浑厚重、古朴粗犷的字体，异彩纷呈的多变风格，令人耳目一新。魏碑大漠苍凉，巨石摩崖的豪放气势，使卑弱庸俗，毫无生气的"馆阁体"唐楷，一下子退避三舍。书法家们如同意大利文艺复兴时期一样，把魏碑的"片石只字"视为珍宝，掀起了一个寻觅、搜集、学习的热潮。从"造像记"上拓印下来，制成的拓片，称之为"品"。龙门窟上有近百品，从中挑选出中最精美的二十品，就是常说到的《龙门二十品》。

中华书法史上的两大高峰便在魏晋南北朝时高耸对峙。以王羲之为代表的法贴，遒媚飘逸；以魏碑为代表的碑体，大漠苍凉。直到现在，仍是难以企及的高峰。

魏碑经过标准化后，是现在最常用的印刷体之一。

鲜卑民族长期游牧于北方草原，随着拓跋珪以强大的军事、政治手段的推进，在文学艺术上也为中国文学史写下了浓重的一笔。现在的北朝民歌以《乐府诗集》记载"鼓角横吹曲"为主。所谓横吹曲，实际上是北方游牧民族一种在马上演奏的军乐，因为乐器里有鼓有角，故谓"鼓角横吹曲"，作者主要是鲜卑人。

鲜卑诸民族的歌，原是所谓"其词虏音，竟不可晓的"，而现存歌词全用汉语。这一方面是由于通晓汉语的鲜卑人或通晓鲜卑语的汉人的翻译,有名的《敕勒歌》便是通晓汉语的鲜卑人翻译来的;另一方面由于从道武帝始,北魏历代皇帝都大力推进汉化进程,北方诸民族逐渐汉化,而北魏朝廷又"诏断北语从正音","若有违者,免所居官"。所谓"北音"即是鲜卑语,所谓"正音"即是汉语。

现在留世的《鼓角横吹曲》虽然数量只六十多首,但其意义却深远得很,它相当生动地反映了当时二百多年间的社会状况和时代特征。拓跋珪以及北魏的其他皇帝大量迁民,离开故土的广大人民群众,"鹿鸣思长草,愁人思故乡""高高山头树,风吹叶落去,一去数千里,何当还故处?"鲜卑民族的粗犷,表现在爱情上也颇具特色,"驱羊入谷,白羊在前,老女不嫁,蹋地呼天。"当等待情人不来时,也是"明月光光星欲堕,欲来不来早语我。"何其豪爽痛快!而反映替父从军的《木兰诗》则成为乐府诗的代表,与《孔雀东南飞》一同,成为我国诗歌史上的"双璧"。木兰作为一个勤劳织布的普通姑娘,买骏马长鞭替父从军,征战疆场十多年,现实主义与浪漫主义完美结合。一个压倒须眉的女英雄,为千千万万妇女扬眉吐气,在中国漫长的封建社会是具有崭新教育意义的。

五胡十六国时期,由于长期的混战,北方地区文学创作是很消沉的,文学作品几乎绝迹。拓跋珪统一北方,建北魏王朝,大量吸收中原文化,文学创作开始出现生机,这些人虽然在文学史上成绩不大,但也较好地反映了北魏鲜卑民族及北方地区广大群众的生活情况。其后如温文升、魏收等就有了一定的成就。

北魏时期,由于游牧民族金戈铁马呼啸而来,使黄河流域原有的农耕文化融入了北方草原文化的内容,为双方都输入了新鲜的血液。《后汉书·乌桓鲜卑列传》援引了蔡邕评论鲜卑民族的几句话,"自匈奴遁逃,鲜卑强盛,据其故地,称兵十万,才力劲健,意知益生,加以关塞不严,禁网多漏,精金良铁,皆为贼有,汉人逋逃,为之谋主,兵利马疾,过于匈奴"。这段话,很中肯地说出了鲜卑民族在具有自身"兵利马疾"的优势的基础上,更是"意知益生"。他们善于学习中原汉民族的优秀东西,不断地抛弃,不断地吸纳,在吐故纳新中得到了升华。拓跋珪正是在不停地学习汉民族中,成为诸多少数民族中的佼佼者,开创北魏之基,促进了北方地区各方面的发展。

作为北魏开国皇帝的拓跋珪,他不仅引领拓跋民族迅速地从蒙昧落后中崛起,建立了自己强大的政权,登上中化历史大舞台,演绎了一曲雄壮的史诗,而且他以超人的智慧,规划了鲜卑拓跋民族如何在中原汉文化中吸取营养,促进各项社会事业的发展。北魏时期,各个领域均取得了一定的成就,有些地方,至今仍领风骚。郦道元的《水经注》是我国古代历史上最伟大的地理学著作。他通过为古书《水经》作注,以《水经》为纲而著。《水经注》全书三十多万字,详细介绍了我国境内一千多条河流以及与这些河流有关的郡县、城市、物产、风俗、传说、历史等。其文笔雄健隽秀,介绍山水细腻生动,引人入胜。是地理方面的名著,也是一部优秀的文学名作。杨衍之的《洛阳伽蓝记》是地理名著,又是文学名著,同时又是一部佛教著述,提供了北魏迁都洛阳四十年的佛教史料。而其后北朝的贾思勰著的《齐民要术》是中国现存最早最完善的农书。

拓跋珪领导的鲜卑拓跋民族以及随着他入主中原的其他北方民族，将他们的粗犷特点浸透到了中原文化的方方面面，产生了深远的影响。

北魏时期，中原地区传统音乐随着少数民族音乐传入而得以革新，与音乐紧密相连的舞蹈，这一时期，也带有明显的民族融合的特点。中原地区的音乐舞蹈，再也不单纯是一种近乎绮靡不振的颓废音乐舞蹈，它融入了粗犷豪放的新鲜内容。而鲜卑民族的音乐舞蹈，也从中原汉族的音乐舞蹈中学到了先进的东西，相互吸收，互相促进，促进了古代中华音乐舞蹈向更高的方向发展。

天兴元年冬，拓跋珪下令让邓渊定律吕、协音乐。乐用八修，舞《皇始》之舞。据说，这《皇始舞》是拓跋珪亲自所作，其目的是想弘扬先祖的事业，后来便制成了祭祀宗庙之乐。当时随着祭祀的不同，乐曲也不同。皇帝入祖庙，奏《王夏》曲，随从的祭官在庙门迎神；当祭品陈列好以后，便奏《登歌》；当神明享用祭物时，奏《神祚》；皇帝行礼祭庙时奏《陛步》；皇帝出门时奏《总章》，次奏《八修舞》，最后奏一曲《送神曲》。

祭祀有乐舞，饮宴时也有乐舞。皇帝在庄重的场合下宴请群臣时，奏燕、赵、秦、吴之音，各地各种风俗的乐曲，都可以听到，这堪称是百花齐放的乐舞，断然不是一种乐曲独霸天下的。只要"礼不忘其本"，那些音乐工作者们都可"乐其所自生。"朝廷中有《真人代歌》，总共有一百五十多章，上叙祖宗开基所由，下及群臣废兴之事，晨昏歌之，以启教群臣。

拓跋珪对音律是有很深造诣的，因而也十分重视这方面的工作。他下令有关部门培养选拔音乐方面的人才，对这些人员，给予优厚的待遇。建设专门的音乐场馆，为烘托气氛，不惜投入巨资仿造人物、禽兽及神仙、山水等，仿真物品栩栩如生。拓跋嗣即位后，对原设的音乐机构做了进一步的完善。

到了拓跋焘时更加重视音乐建设，在破赫连昌部时，拓跋焘得到了古代的几曲雅乐，便很好地收藏；在平定凉州后，俘虏了一批人和乐器及服饰，都把他们很好地利用起来。

拓跋珪在"牛川起事"后，便一直将发展战略定为南扩东进。随着集团势力的增大，将都城从牛川迁到盛乐，再迁到平城，其实拓跋珪的都城目的地还不在大同，而是更南的地区。洛阳作为三国时曹魏的都城，是当时世界上最繁华的大都市之一，但之后不久，由于西晋灭亡，洛阳遭战火，失去了往日的繁华。拓跋珪想将都城南迁，但是当时条件还不成熟。首先是鲜卑民族是以游牧为主，向南发展，意味着要弃游牧从事农耕，多数人不适应而反对。尤其是贵族们，更是千方百计阻挠。因为这样一来，就断送了他们的掠夺生涯。孝文帝迁都洛阳时，不但以杀戮威胁那些反对迁都的人，而且，他采用了欺骗的手段。《资治通鉴》记述道，"魏主（指孝文帝）以平城地寒，六月雨雪，风沙常起，将迁都洛阳，恐群臣不从，乃议大举伐齐，欲以胁众。"由此我们足见当时阻挠迁都势力之盛。其次当时北魏政治军事力量还不够强大。拓跋珪初创北魏帝国，周边还有许多割据一方的国家或部落对魏虎视眈眈，拓跋珪想迁都到中山或邺，就当时条件来说，也不成熟。

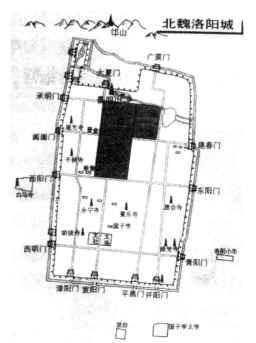

随着北魏统一北方,北魏孝文帝拓跋宏继承先辈们的遗志开始迁都工作。他首先讨论"行次"(五行的次序,照汉代学者的意见,其顺序为木火土金水)。这是一次具有重大现实政治意义的讨论。孝文帝拓跋宏采纳了谋臣李彪的建议,认为北魏继承西晋,西晋是金,魏当为水,魏是正统所在,理所当然不能再僻居平城,应迁到曹魏的故都洛阳去。493 年开始,孝文帝重新修建新都洛阳,迁平城户籍一百多万人到洛阳。

建设新都延续了几十年。洛阳再次成为北方地区的政治、经济与文化中心。城内市场集中,西面的大市场主要是交易手工业品,东面的小市场主要交易农牧产品,南面的四通市场以交易贵重货物和外国商品为主,四通市附近的四夷里,居住着万余户来自世界各地的商人。北魏洛阳的规划和布局对我国后世城市建设影响很大。

鲜卑民族登上历史舞台后,先后建立了十三个割据政权,除汉族外,在中国境内建立的割据政权数量之多就要数鲜卑民族了。但多数不久长,只有拓跋珪建立的魏政权最久长,对后世的影响也最大。现在我们说到魏晋南北朝史,往往是北朝史重于南朝的,这与道武帝起奠基作用是分不开的。有史学家说,隋唐之所以统一中国,是与北魏鲜卑民族统一北方有直接关系,是拓跋魏政权统一了"你唱罢来我登场"的北方混乱局面,推动了民族相互融合,才有了后来的隋唐大一统中国。陈寅恪说,李唐一族之所以崛兴,盖取塞外野蛮精悍之血,注入中原文化颓废之躯,旧染既除,新机重启,遂能创空前之世局。

唐高祖李渊的生母是鲜卑人,皇后是鲜卑人,一个儿媳也是鲜卑人,李世民也娶鲜卑人为后。鲜卑民族起自于北方的草原,游牧民族的妇女是体格强健的,绝非是江南女子的纤弱单薄。这些民族对女人的审美观是以强健为主旋律的,丰乳肥臀是外形美的首要条件。李唐王朝沿袭其习俗,唐人心目中的美女是肥大的,有"燕瘦环肥"之说。而李世民杀其弟李元吉后纳其妃杨氏;太宗死后,其子高宗以其父才人武则天为昭仪,这与鲜卑族的"妻后母,报寡嫂"的习俗有相似处。因而朱熹曾云"唐源流出于夷狄,故闺门失礼之事不以为异。"

拓跋珪是富有传奇色彩的人物。出生时便失去父亲,孩童时随母到处奔波,历次涉入死地,可以说是九死一生。十六岁继代王位,在险恶的环境中,率领拓跋部由小到大,由弱到强,开创了拓跋魏近一百五十年的天下。他百折不挠,发愤图强为我们提供了宝贵的精神财富。作为从落后的部落中走出的鲜卑人,他以博大的胸怀完成了旷古的业绩,令史学家、文学家们大笔抒写。

晋氏崩离,戎羯乘衅,僭伪纷纠,豺狼竞驰。太祖显晦安危之中,屈伸潜跃之际,驱率遗黎,奋其灵武,克剪方难,遂启中原,垂拱人神,显登皇极。虽冠履不暇,栖遑外土,而制作经谟,咸存长世,所谓大人利见.百姓与能,抑不世之神武也。而屯厄有期,祸生非虑,将人事不足,岂实天为之,鸣呼。(《魏书·帝纪第三太祖记》)

《魏书》是我国封建社会历代所谓"正史"中第一部专记少数民族政权史事的著作。虽然自从该书面世以来,人们对于其所记一些事情的真伪一直争论不休,但它作为一个特定年代史学家的史著,记载了鲜卑拓跋部的兴衰过程,进一步诠释了我国历史是由多民族共同缔造的这一客观事实,是具有深远历史意义的。这段文字,也算是一千四五百年前的史学家对拓跋珪的评价吧!

拓跋珪大事年表

公元	晋纪年	魏(代)纪年	事 件
371年	咸安元年（辛未年）	建国三十四年（珪祖父什翼健于338年11月在繁峙继代王位，纪元建国）	（五月拓跋珪父亲拓跋寔因伤重不治而死 （七月）拓跋珪诞生于参合陂
376年	太元元年（丙子年）	建国三十九年	（十月）苻坚发兵助刘卫辰攻代，大败什翼健 （十二月）代王什翼健（珪祖父）被儿子寔君杀死，代亡 拓跋珪开始逃亡生活
383年	太元八年（癸未）		淝水之战（东晋与前秦） 刘库仁被杀，其弟刘头眷统领部众 拓跋珪与母亲贺氏留在刘头眷处
384年	太元九年（甲申）		姚苌称秦王（后秦） 慕容垂称燕王（后燕） 拓跋珪继续在刘头眷处
385年	太元十年（乙酉）		刘显（刘库仁之子）杀叔刘头眷，又欲害拓跋珪，珪与母贺氏逃到贺讷处 （贺讷是珪的舅父）
386年	太元十一年（丙戌）	登国元年	（正月）拓跋珪大会于牛川，继代王位，改元登国 慕容垂即皇帝位 （二月）迁都盛乐，务农息民 （四月）改称魏王 （五月）姚苌称帝，国号秦 平定于桓等内乱 大破窟咄（珪叔父）于参合陉

公元	晋纪年	魏(代)纪年	事　件
387年	太元十二年 （丁亥）	登国二年	拓跋珪大规模封赐功臣 （七月）魏、燕联合大破刘显 冬天到牛川游猎、讲武
388年	太元十三年 （戊子）	登国三年	破库莫溪等部落 派拓跋仪出使后燕
389年	太元十四年 （己丑）	登国四年	（正月）破高车部落 （二月）击叱突邻部，大破之
390年	太元十五年 （庚寅）	登国五年	破贺兰、纥突邻等部 秋天还幸牛川 冬天破高车豆陈部，废寒部降魏
391年	太元十六年 （辛卯）	登国六年	兼并贺兰部 珪弟觚出使后燕被扣，魏燕失和 灭刘卫辰并屠其族 破柔然部、黜弗等部落，获马三十万匹、牛羊四百万头（只） 秋天到牛川 起河南宫
392年	太元十七年 （壬辰）	登国七年	到盐池（即今凉城之岱海，魏时称盐池）朝见诸国贡使 皇子拓跋嗣出生
393年	太元十八年 （癸巳）	登国八年	破类拔部，迁移部落移民 破薛干部，获珍宝民众，尽移于代
394年	太元十九年 （甲午）	登国九年	派拓跋仪开垦河套平原 后燕灭西燕 拓跋绍出生
395年	太元二十年 （乙未）	登国十年	春夏间到盐池 后燕伐北魏，参合陵大战 十二月，坑燕降卒五万人

公元	晋纪年	魏(代)纪年	事　件
396 年	太元 二十一年 （丙申）	皇始元年	（四月）慕容垂死于伐魏征途中 （六月）珪母贺皇后（献明皇后）崩 （七月）拓跋珪建天子旌旗,改元皇始 （八月）取并州大举伐后燕 （十一月）命令拓跋仪率军攻邺城,王建率军攻信都 进军中山不克,解围
397 年	隆安元年 （丁酉）	皇始二年	（正月克信都 （二月）柏肆坞之战,珪转败为胜 （十二月）占后燕都城中山
398 年	隆安二年 （戊戌）	天兴元年	占后燕要地邺城,后燕被魏所灭 发兵万人,修五百余里直道 移山东一带三十六万民众、十多万百工技巧到代,计口授田 迁都平城,议定国号建宫室、宗庙 正封畿、标道里、平权衡、审度量 正式称帝,追尊远祖毛以下二十七人皆为皇帝,大封百官。改元天兴。 徙六州二十二郡二千余户吏民到代
399 年	隆安三年 （己亥）	天兴二年	祭祀天地于南郊 破高车等部,获马三十万匹,牛羊一百四十万头（只）,人口三万 分尚书三十六曹,令八部大夫主之 大猎于牛川之南 建鹿苑 设置五经博士,增国子太学生三千余人 号令各州郡县大量征集书籍,全部送到平城 建成太庙,迁其先祖入太庙 天华殿落成

公元	晋纪年	魏(代)纪年	事　件
400年	隆安四年 （庚子）	天兴三年	立慕容氏为皇后 下两道诏书,诫喻群臣,以安帝位 杀李栗以慑群下,师《韩非》法治朝野 议曹郎董谧献《服饵仙经》 置仙人博士,立仙坊、煮百药
401年	隆安五年 （辛丑）	天兴四年	进一步扩大乐师队伍 派人到各郡县考核百官 集博士儒生讲经论文,收集四万多字号曰《众文经》 建紫极殿、玄武楼、凉风观、石池等
402年	元兴元年 （壬寅）	天兴五年	遣贺狄干求婚于秦,被拒绝,魏与秦发生柴壁战争,魏大胜秦,俘敌三万余人 破素古延等部落,大获牛羊马及人口 杀崔逞
403年	元兴二年 （癸卯）	天兴六年	杀和跋、邓渊 巡幸参合陵 立皇子嗣为齐王、车骑大将军、相国 封儿子绍为清河王、征南大将军 定官位(名),制官服官帽
404年	元兴三年 （甲辰）	天赐元年	改补百官,按才任用,加以封爵 (十月)改元天赐,大赦天下 筑西宫等 命宗室置宗师,八国置大师、小师,州郡亦各置师,以此来考核推荐人才

公元	晋纪年	魏(代)纪年	事　件
405 年	义熙元年 （乙巳）	天赐二年	车驾北巡到犲山宫,车辆与旗帜全部用黑色的。 派军攻彭城(今江苏徐州),欲对晋用兵
406 年	义熙二年 （丙午）	天赐三年	置州三刺史、郡三太守、县三令长 发八部五百里内男丁筑㵸垒南宫 授人写成《兵法孤虚立成图》 对州、郡、县官员进行配置 大规模建设平城 到盐池游猎、练兵
407 年	义熙三年 （丁未）	天赐四年	先后两次到参合陂游猎、练兵 诛杀拓跋遵、贺狄干及疯岳等
408 年	义熙四年 （戊申）	天赐五年	巡幸参合陂 皇孙拓跋焘出生 杀高邑公莫题等
409 年	义熙五年 （己酉）	天赐六年 （永兴元年）	雷震天安殿东,珪怒,毁天安殿 食寒食散中毒,喜怒无常 杀拓跋仪与太尉穆崇 杀慕容氏在魏百余家 (十月)被其子拓跋绍杀死 拓跋嗣杀其弟绍,平息内乱,继帝位,改元永兴。
410 年	义熙六年 （庚戌）	永兴二年	嗣葬珪于盛乐金陵,谥曰宣武,庙号烈祖,后改谥道武帝

主要参考书目

《魏书》

《北史》

《资治通鉴》

《晋书》

《汉书》

《水经注》

《中国通史参考资料》(翦伯赞著)

《中国通史》(丁文等编)

《岱海考古》(科学技术出版社)

《中国古代文学史》(游国恩等编)

《中国大百科全书》

《和林格尔县文物志》

《凉城县志》

《云之南 河之北》(王玉水著)

《沧桑凉城》(郝念东著)

《凉城史话》(杨伯涛著)

《中国历史》(人民教育出版社历史室编)

《内蒙古通史》(曹永年主编)

《杀虎口与中国北部边疆》(王泽民著)

《毛泽东评点二十四史》(李史峰主编)

《成吉思汗》(秦汶著)